WAND AN WAND MIT EINER LEICHE

mitteldeutscher verlag

WAND AN WAND MIT EINER LEICHE

FRANK KREISLER

TRUE CRIME LEIPZIG

MIT FOTOGRAFIEN VON CHRISTIANE EISLER

INHALT

Das Leipziger Landgericht befindet sich seit 1993 in der Harkortstraße 9

VORWORT

Von den Freiheiten, welche die Wende mit sich brachte, profitierte auch das Verbrechen. Es wurde vielfältiger, schillernder. Ganoven kamen leichter an Waffen heran. Das machte Raubzüge und Überfälle für die Opfer gefährlicher, auch wenn die Beute gering war. Gesuchte Verbrecher konnten auf der ganzen Welt untertauchen, wenn sie das nötige „Kleingeld“ erbeutet hatten. Die Mafia fasste Fuß und rekrutierte auch in Leipzig Komplizen. Bis dahin unbescholtene Bürger versuchten sich als Ganoven und merkten zu spät, dass dieses Geschäft nichts für sie war. Die Neunziger waren eine wilde, auch blutige Zeit des spektakulären Verbrechens in Leipzig.

Nicht von allen beteiligten Personen – Opfern, Tätern, Zeugen – sind die vollständigen bürgerlichen Namen bekannt. Zumeist wurden nur Abkürzungen in den Akten und Berichten vermerkt. Deshalb habe ich mich entschieden, die Namen aller Beteiligten zu ändern. Zum einen wegen der „Gleichbehandlung“, vor allem aber, um den Lesefluss nicht mit Abkürzungen zu stören. Ein gängiges, vor allem leserfreundliches Verfahren.

Die dargestellten Verbrechen sowie die Tatorte sind jedoch authentisch.

Bis auf einen Fall wurden alle im Buch vorgestellten Kriminalfälle vor dem Leipziger Landgericht, Harkortstraße 9, verhandelt. Es wurde am 1. Januar 1993 wieder eingerichtet und ging aus dem

Bezirksgericht Leipzig, an derselben Adresse, hervor, das von 1952 bis Ende 1992 Bestand hatte. Nur für das im Buch vorgestellte vermeintliche Tötungsverbrechen „Von München zurück in die Hölle“ aus dem Jahr 1991 war noch das Bezirksgericht zuständig. Diese Tat entpuppte sich überraschenderweise als etwas anderes.
Einem großen Teil dieser wahren Leipziger Kriminalfälle sind Fotografien beigefügt. Diese Fotostrecke ist nach dem Konzept „Die alten Tatorte – heute fotografiert“ gestaltet. So wechseln sich verlassene, unheimlich wirkende Häuser mit frisch sanierten Hausfassaden ab. Keinem Ort ist das geschehene Verbrechen anzusehen. In einige Häusern mit düsterer Vergangenheit ist heute buntes, quirliges Leben eingezogen. Andere Häuser stehen seither leer. Einige Tatort sind mittlerweile abgerissen und so wurde konsequenterweise die dafür gesäte Wiese abgelichtet.
Und auch während der Arbeit an diesem Buch ereignete sich ein wahrer „Kriminalfall“: Die Fotografin hatte bei ihren Fototerminen immer einen Ausdruck meiner Texte bei sich, um am Schauplatz des Geschehens die Motive aus den Texten finden und dann gekonnt in Szene setzen zu können. An einem Freitag waren dann sämtliche Fotos im Kasten. Feierabend. Da das Wochenende bevorstand, ging sie noch in den Supermarkt, um einzukaufen. Die volle Einkaufstasche, in der auch die Mappe mit dem Ausdruck meiner Texte kurz abgelegt war, blieb anschließend nur einen Moment unbeaufsichtigt. In dieser Zeit wurde die Tasche mit allem, was drin war, geklaut. Der Gauner war schnell und gründlich und hinterließ nicht den Hauch einer Spur …

Frank Kreisler
Leipzig im Oktober 2021

NÄCHTLICHER ÜBERFALL

In der Nacht vom Samstag, den 22., auf Sonntag, den 23. April 1995, boxten Axel Schulz und Georg Foreman in Las Vegas um den Weltmeistertitel. Gisbert Wissmann, als aktiver Handballer sportbegeistert, wollte sich den Kampf um nichts in der Welt entgehen lassen. Es war allerdings nicht so sein Ding, die Nacht durchzumachen. Er brauchte seinen Schlaf und programmierte den Videorekorder, damit der den Kampf aufzeichnet. Wissmann würde sich die Übertragung dann am Sonntagnachmittag anschauen, bei Kaffee und Kuchen. Im Grunde, wenn schon alles vorbei war. Aber das störte ihn nicht. Sportnachrichten würde er bis dahin nicht hören, um die Spannung zu erhalten.

Gegen 1 Uhr gingen er und seine Frau Ingrid zu Bett und löschten das Licht.

Sie lauschten in die Nacht. Vor dem Haus war es still. Dort, auf der tagsüber stark frequentierten Richard-Lehmann-Straße, fuhr um diese Zeit nur selten ein Auto. Auch im Haus schien es still zu sein. Totenstill, unheimlich still.

Alles andere wäre gespenstisch gewesen. Das etwa einhundert Jahre alte Haus stand quasi leer. Nur Wissmanns lebten noch hier, oben in der vierten Etage.

Alle anderen Mieter hatten dem Druck des neuen Eigentümers aus Aschaffenburg nachgegeben und waren längst ausgezogen. Das Haus sollte saniert werden. Anfangs war der Druck sanft und

In der Bernhardstraße 33 hatte die „Detektei Viper“ bis 1996 ihr Büro

irgendwie auch verführerisch gewesen, sehr sogar. Der neue Hauseigentümer aus Aschaffenburg hatte jeder Familie 10.000 Mark und die Übernahme der Umzugskosten angeboten. Sie hätten auch die Möglichkeit gehabt, nach der Sanierung zurückzukehren – selbstverständlich zu einem wesentlich höheren Mietpreis. Neun von elf Familien nahmen das Geld, zogen aus und kamen nicht wieder. Waren noch zwei im Körbchen, das längst leer sein sollte.

Mit Geld war denen offenbar nicht beizukommen. Der Hauseigentümer legte für seine verbliebenen Mieter jetzt eine andere Platte auf, frei nach dem Motto „Bist du nicht willig, so mache ich dir das Leben zur Hölle." Nun wurden die Telefonkabel zerschnitten. Strom und Wasser wurden immer mal wieder abgestellt und standen nicht verlässlich zur Verfügung.

Eine weitere Familie packte ihre Sachen und suchte das Weite. Doch die Wissmanns blieben. Sie ließen sich trotz der Schikanen nicht vergraulen. Sie lebten schon lange hier.

Der Hauseigentümer baute nun das Türschloss aus, sodass jeder ins Haus spazieren konnte, wie es ihm beliebte. Wissmanns schienen aber auch damit klarzukommen.

Der Hauseigentümer war mit seinem Latein am Ende und kochte vor Wut. Die Wissmanns wollten ihre Segel einfach nicht streichen und den Kampf nicht aufgeben. Und der neue Eigentümer konnte das Haus nicht sanieren und das kostete ihm Tag für Tag eine Stange Geld. So wurde das nichts mit Modernisieren und dem baldigen Einzug zahlungskräftiger Mieter.

Die Wissmanns waren eine ungewohnt harte Nuss, die man mit ganz anderen Mitteln knacken musste. Dafür gab es Spezialisten, die das entsprechende Werkzeug handhaben konnten und vor allem keine Hemmungen hatten, es anzuwenden. Er telefonierte einige Male in Leipzig umher. Schließlich fand er jemanden, der wiederum über geeignete Kontakte verfügte, um das Problem des Bayern gründlich und nachhaltig zu lösen. Der Mann gab seine Instruktionen und wartete ab.

Gisbert Wissmann hatte nun also den Videorekorder programmiert, damit er sich am Nachmittag den Boxkampf zwischen Schulz und Foreman ansehen konnte. Das Ehepaar lag im Bett und war kurz vorm Einschlafen. Plötzlich schreckte ein Höllenlärm an der Wohnungstür die beiden aus dem Halbschlaf.

Der hochgewachsene, athletische Wissmann sprang aus dem Bett und riss die Schlafzimmertür auf. Drei maskierte Kerle standen mit Äxten bewaffnet auf dem Flur. Die Wohnungstür hatte unter ihren Tritten und Schlägen schnell nachgegeben. Sie hing zersplittert in der Angel. Die Einbrecher waren keine Freunde großer Worte. Sie legten augenblicklich los. Einer von ihnen schlug Wissmann mit der stumpfen Seite der Axt auf den Kopf. Der Mann ging bewusstlos zu Boden. Einer anderer fesselte ihn. Dann war die Frau an der Reihe. Sie wurde ebenfalls gefesselt und zusätzlich geknebelt, damit sie nicht schreien konnte. Auch ein Elektroschocker kam zum Einsatz.

Dann packten die Gangster ihre Spitzhacken aus und schlugen wie besessen auf die Wände ein. Was dran hing, wurde mit zerschlagen. Das Mauerwerk erzitterte unter den wuchtigen Schlägen. Ziel war es offenbar, die Wohnung zu demolieren, unbewohnbar zu machen und die Mieter nachhaltig zu vergraulen. Und nicht nur das. Schrankwände wurden brutal leer geräumt und dann auf den Boden geworfen, wo sie zerbrachen. Anschließend malträtierten die Kerle die Wände dahinter ebenfalls mit der Spitzhacke.

Als Wissmann nach etwa einer halben Stunde das Bewusstsein wiedererlange, wurde er mit einem Messer attackiert. Der Stich traf ihn im Oberschenkel, wodurch er in der Folge sehr viel Blut verlor. Auch er bekam jetzt einen Knebel in den Mund, damit er nicht um Hilfe rufen konnte.

„Wir hatten Todesangst und dachten, die wollten uns umbringen", sagte das Ehepaar später aus, das die ganz Zeit nebeneinander im Korridor lag.

Nachdem das Trio die Wohnung verwüstet hatte, räumten es sie aus: Die teuren technischen Geräte wie Funktelefon, Computer, Kopierer, Faxgerät, Fernseher und den Videorekorder hatten die Kerle bei ihrer Gewaltorgie verschont und nahmen nun alles mit. Auch Bargeld und Schmuck ließen sie mitgehen.

Dass die Gangster mit dem Diebesgut das Fahrzeug der Familie, einen geländegängigen Nissan Patrol, ein Kombi mit einer Länge von fast fünf Metern, beladen haben und davonfuhren, war einer der Punkte, welche die Ermittler im Laufe ihrer Recherchen stutzig machen sollte. Die Gangster hatten das Ehepaar nicht nach ihrem Fahrzeug gefragt, aber trotzdem gewusst, welches ihres war!

Sie hatten sich einfach die Schlüssel genommen und die Wohnung verlassen.

Der materielle Schaden belief sich auf mehr als 50.000 Mark.

Das Ehepaar Wissmann musste anschließend im Krankenhaus behandelt werden. Gisbert Wissmann hatte eine Gehirnerschütterung und die Stichwunde am Bein. Seine Frau Ingrid litt noch Monate nach dem Überfall an Herz-Kreislauf-Problemen und Angstzuständen.

Einziger Nutznießer dieser Attacke war der Hausbesitzer aus Aschaffenburg, Richard Deublinger: Das Haus stand endlich leer und die Sanierung konnte starten.

An dieser Stelle begannen auch die polizeilichen Ermittlungen.

Die Ermittler glaubten natürlich nicht, dass der gut betuchte Mann

selbst mit Axt und Spitzhacke losgezogen war, obwohl er wahrscheinlich eine Mordswut auf das rebellische Ehepaar hatte. Sie gingen vielmehr davon aus, dass er den brutalen Überfall für viel Geld in Auftrag gegeben hatte.
Es gab Leute, die man für so etwas buchen konnte und die dann keinen Stein auf dem anderen ließen: gewaltsames Entmieten, mit der Eisenstange Schulden eintreiben, Leute gehörig unter Druck setzen, erpressen und so weiter.
Und es gab eine Szene, in der man solche Leute fürs Grobe finden konnte. Und die inserierte sogar. Prompte Erledigung wurde zugesichert, dass die Mittel meistens illegal waren, in der Anzeige logischerweise verschwiegen. Aber das war ja klar!
Kurz nach dem Überfall wurden drei Rumänen festgenommen. Von Deublinger hatten die allerdings noch nie etwas gehört.

Es kam nicht alle Tage vor, dass Polizisten einen Kollegen einbuchteten. Doch Ende Februar 1996 blieb ihnen nichts anderes übrig. Direkt von seinem Arbeitsplatz in der Polizeidirektion Leipzig kam Kriminalhauptkommissar Roland Prätorius in Untersuchungshaft. Auch sein Bekannter, der Ex-Polizist Winfried-Wolf Apelholer, bekam zu nachtschlafender Zeit Besuch von seinen früheren Kollegen. Ein mobiles Einsatzkommando der Polizei holte ihn aus dem Bett und steckte auch ihn in eine Zelle.
Apelholer war zu DDR-Zeiten Polizist gewesen, bis er Anfang der Achtzigerjahre den Dienst aufgrund von Verfehlungen quittieren musste. Die genauen Gründe für diesen rigorosen Schnitt sind ebenso wenig bekannt wie die Tätigkeit, mit der er bis 1990 seinen Lebensunterhalt bestritt. Nach der Wende stieg er ins Dienstleistungsgewerbe ein und hob die „Detektei Viper“ aus der Taufe. Das Einmannunternehmen beschäftigte einige freie Mitarbeiter, dar-

unter auch entlassene Polizisten. Mit Detektivarbeit waren die ja bestens vertraut. Wobei die „Detektei Viper“ über Ressourcen verfügte wie kaum eine andere Detektei. Doch das offenbarte Apelholer erst auf entsprechende Nachfrage.

Für die beiden Männer kam die Verhaftung absolut überraschend. Doch bereits seit fast einem Jahr standen die beiden im Visier einer neunköpfigen Sondereinheit der Leipziger Polizei. Aber das war den beiden wohl entgangen. Sie hatten sich ziemlich sicher gefühlt. Doch im Zuge der Ermittlungen zum Raubüberfall auf die Wissmanns entdeckten die Beamten Hinweise auf eine Beteiligung der beiden. Die Sondereinheit sammelte nun fast ein Jahr lang Beweise. Und da offenbarten sich ungeahnte Zusammenhänge. Ende 1995 war es dann so weit. Sie hatten genug ermittelt und teilten der Staatsanwaltschaft den Stand der Dinge mit. Diese erließ gegen beide Männer Haftbefehl, der im Februar 1996 vollstreckt wurde.

Auch gegen einen dritten Beteiligten, ebenfalls Ex-Polizist, gab es einen Haftbefehl. Dieser Mann wollte sich nach der Verhaftung von Apelholer offenbar absetzen und kam immerhin bis München. Auf dem Flughafen der bayerischen Landeshauptstadt wurde er dann ebenfalls festgenommen.

Der Vorwurf gegen alle drei Männer lautete auf Anstiftung zum schweren Raub, Bestechung, Bestechlichkeit und Verletzung von Dienstgeheimnissen.

Wie gerieten die drei Männer in den Strudel krimineller Ereignisse?

Nein, sie waren da nicht einfach so hineingeraten.

Die „Detektei Viper“ hatte diese Vorgänge selbst ausgelöst!

Auch der Staatsanwalt konnte das anfangs kaum glauben.

Der bayerische Hausbesitzer Richard Deublinger durchblätterte vermutlich im März 1995 das Leipziger Telefonbuch. Die Offerte der „Detektei Viper“, die in einer ruhigen Seitenstraße im Leipziger Osten ihren Sitz hatte, fand er vielversprechend für die Lösung seines Problems. Selbst „knifflige Fälle“ versprach die Detektei zu lösen. Und sein Fall war knifflig, aber so was von! Deublinger kontaktierte Apelholer. Die beiden Männer trafen sich. Der Bayer schilderte dem Detektiv das nervigste seiner derzeitigen Probleme. Es ging um die widerspenstigsten Mieter, die er je hatte. Wissmanns, vierter Stock, Richard-Lehmann-Straße.

„Die wollen einfach nicht ausziehen und ich kann nicht sanieren. So kann das nicht weitergehen!“, jammerte er. Ob Apelholer die Wohnung nicht irgendwie „freilenken“, von ihm aus auch „zwangsräumen“ könne? Egal, wie. Hauptsache, die letzte der elf Wohnungen in diesem Haus stehe bald leer und er könne anfangen, aus dem Haus was zu machen.

„Ja, das sollte möglich sein“, versprach der ehemalige Polizist.

„So, und wie?“, wollte Deublinger wissen.

„Die Bude unbewohnbar machen. Na ja, nicht zu sehr. Vielleicht die Decke ein bisschen beschädigen, ein kleines Loch vom Dachboden aus reinhacken oder was Ähnliches“, schlug er vor. „Ich meine, die Leute würden dann sicher verduften. Und der Schaden wäre nur gering und lässt sich bei der Sanierung leicht beheben.“

Wie er in die bewohnte Wohnung kommen und den Schaden anrichten wollte, sagte er nicht. Und der Hausbesitzer fragte nicht. Vielleicht besser so, vielleicht aber auch nicht.

„Hört sich gut an“, meinte Deublinger zufrieden und ermahnte sie noch einmal: „Aber nicht übertreiben.“

Apelholer nickte zum Zeichen, dass er verstanden hatte und Deublinger sich auf ihn verlassen konnte.

„Was wollen Sie dafür haben?", fragte Immobilienbesitzer.
Apelholer forderte: „Zehntausend Mark, für mich und meine Mitarbeiter."
„Zehntausend? Habe ich für die Wohnung sowieso eingeplant. Aber wenn Wissmanns das Geld nicht haben wollen, bekommen Sie das eben", war der Bayer einverstanden und grinste.
Um wen es ging, wusste Apelholer nun und die betreffende Adresse bekam er auch.
Das Geld wollte Deublinger nach erfolgreicher „Freilenkung" der Wohnung zahlen.
Er verabschiedete sich und ging in seine Schmollecke zurück.
Apelholer unternahm nun zwei Dinge.
Erstens kontaktierte er seinen guten alten Freund bei der Polizei, Roland Prätorius. Sie kannten sich noch aus Vorwendezeiten. Der Mann hatte Zugang zum Polizeicomputer und konnte bundesweit Daten zu jeder beliebigen Person abfragen. Mal sehen, was er zu diesen Wissmanns herausfinden würde. Je mehr sie über die rebellischen Mieter wussten, desto besser. Namen und Adresse hatten sie ja schon. Aber was für ein Auto fuhren sie? Wie lautete das Kennzeichen, gab es irgendwelche Vorstrafen?
Prätorius lieferte nach einer kurzen Recherche die gewünschten Informationen. Die Automarke, jener Nissan Patrol, und auch das Kennzeichen gab er heraus. Keine Vorstrafen, also friedliche Bürger, nur manchmal eben stur und widerspenstig.
Später konnten die Ermittler zwar nicht sagen, seit wann Prätorius seinen alten Freund mit polizeiinternen Daten versorgte und dafür 300 Mark im Monat kassierte. Sie wussten ja erst seit den Ermittlungen zum Raubüberfall davon. Seitdem konnten ihm allerdings 19 Fälle von Bestechlichkeit nachgewiesen werden. Die Sonderkommission hatte fleißig observiert und mitgezählt.

Zweitens gab er den Auftrag an seinen freien Mitarbeiter Klaus Rummel weiter, ebenfalls ein Ex-Polizist. Dieser sollte sich darum kümmern, dass der Auftrag zur vollen Zufriedenheit des „Kunden" ausgeführt wird und Wissmanns ihre Wohnung aufgaben.
Vorher bekam Apelholer seine 10.000 Mark nicht. Die Sache durfte also nicht schiefgehen. Er brauchte dringend Geld.
Die Absprache erfolgte telefonisch. Rummel soll lange zuvor Kontakte zu osteuropäischen Banden geknüpft haben. Er soll vorgeschlagen haben, „es mit seinen Leuten zu machen". Im Klartext könnte das bedeuten, dass er sich für eine „gewaltsame Entmietung" aussprach. Das behauptete jedenfalls Apelholer später vor Gericht, wo jeder nur noch versuchte, irgendwie seine Haut zu retten.
Rummel hielt energisch dagegen. Das habe er niemals gesagt, verteidigte er sich. Er würde schon eine Lösung für das Problem finden, habe er seinen Chef beruhigen wollen. Ihm würde sicher etwas einfallen. Apelholer solle sich keine Sorgen machen. Das würde schon werden. Von einem brutalen Raubüberfall war jedenfalls nicht die Rede.
So weit, so gut.
Aber dann muss so etwas wie ein Wunder geschehen sein!
Einer von „seinen Leuten", ein Rumäne, soll nach dem Raubüberfall bei Rummel angerufen und ihm mitgeteilt haben: „Das Problem ist gelöst." Ihm war klar, dass die Wissmanns ihre Wohnung nun verlassen haben.
Rummel behauptete, dass er keine Ahnung davon gehabt habe, wie der Rumäne, den er von früher her kannte und lange nicht gesehen haben wollte, zu diesem Auftrag gekommen und ihm in brutaler Art zuvorgekommen war. Er habe ihn jedenfalls nicht beauftragt,

sondern selbst über eine andere Lösung nachgedacht. Es sei „völlig überrascht" gewesen, wie sich die Dinge entwickelt hätten. Nun ja, er musste sich jetzt nicht mehr darum kümmern. Die Angelegenheit wäre für ihn erledigt gewesen. Er hatte damit also überhaupt nichts zu tun. Vielleicht hatte der Chef den Auftrag ja doppelt vergeben?

So fadenscheinig sich die Aussage von Rummel auch anhörte, sie wurde allerdings von einem anderen Zeugen, auch Ex-Polizist, gestützt. Dieser Mann hatte die Zusammenarbeit mit der „Detektei Viper" nach dem Überfall beendet. „Weil ich nicht im Knast landen wollte", begründete er seine Entscheidung. Jedem muss klar gewesen sein, welche Rolle die Detektei und ihr Chef Apelholer in diesem aus dem Ruder gelaufenen Fall gespielt haben. Da weiterhin mitzumachen, war ihm zu heiß geworden. Er wusste, dass das alles strafbar war, was da gelaufen ist.

Apelholer war vom Vorgehen der Rumänen alles andere als überrascht, er schien sogar richtig begeistert gewesen zu sein!

„Der Fall wurde generalsstabmäßig gelöst", soll er erleichtert gerufen haben. Und er wusste, was vorgefallen war! War er doch derjenige gewesen, der die Rumänen zu dem brutalen Vorgehen angestiftet hatte?

Wie dem auch sei, beweisen ließ sich das nicht. Vielleicht kam ihm das außergewöhnlich brutale Vorgehen der Rumänen entgegen. Und er war einfach nur froh, dass die Angelegenheit so schnell erledigt war, egal zu welchem Preis.

Da taten sich Abgründe auf!

Deublinger bezahlte nun die vereinbarten 10.000 Mark. Der chronisch klamme Apelholer konnte das Geld gut gebrauchen. Seine eigenen Leute machten ihm bereits Druck. Es war wie in einem Becken voller Haifische.

„Wenn Apelholer nicht bald zahlt, schicke ich ihm die Rumänen vorbei …", soll Rummel zuvor mal gedroht haben, als er einmal lange auf sein Geld warten musste. Zimperlich waren sie alle nicht. Er kannte die Rumänen wohl doch viel besser, als er behauptete. Das wurde auch von anderer Seite bestätigt. Die Freundin eines ausgestiegenen Mitarbeiters der Detektei hatte in einem Leipziger Tanzclub Rummel und jene Rumänen zusammen gesehen. Sie kannten sich also gut.

So oder so muss jedem klar gewesen ein, dass der „Auftrag Wissmann" in besonderem Maße eine illegale Angelegenheit war.

Doch das interessierte kaum jemanden.

Wer was mit wem genau vereinbart hatte, konnte im Prozess nicht vollständig geklärt werden. Jeder schob die Schuld dem anderen in die Schuhe. Klar war jedenfalls, dass ein Mitarbeiter der „Detektei Viper" die rumänischen Schläger mit ins Boot geholt hatte. Doch welche Instruktionen bekamen sie genau? Oder taten sie einfach, wonach ihnen der Sinn stand und was sie am besten konnten – Leute krankenhausreif schlagen und alles kurz und klein hauen? Vielleicht brauchten sie dafür keine besonderen Instruktionen. Wer sie beauftragte, wusste, was er in Auftrag gab! Das Ergebnis sprach für sich. Wissmanns hatten die Wohnung schwer verletzt geräumt. In dieser Wohnung wollten sie nicht mehr bleiben. Sie waren traumatisiert. Alles hier erinnerte sie an die schreckliche Nacht.

Und die Einrichtung war nicht mehr zu gebrauchen.

Darüber hinaus haben die Schläger die Gelegenheit genutzt, um sich zu bereichern.

Allerdings hatten die Täter in der Vernehmung zunächst bestritten, bei dem Raubüberfall überhaupt dabei gewesen zu sein. Doch Fingerabdrücke in dem geraubten Nissan Patrol brachten sie mit diesem unsäglichen Überfall eindeutig in Verbindung. Sie wurden später zu langen Haftstrafen verurteilt.

Übrigens standen Apelholer und Rummel nicht nur wegen des Überfalls auf die Wissmanns vor Gericht. Sie sollen auch gewaltsam Schulden eingetrieben haben. Prätorius hat sich mit Infos aus dem Polizeicomputer daran beteiligt. Angeklagt wurde er wegen Bestechlichkeit und des Verrats von Dienstgeheimnissen. Er kam als Einziger mit einer Bewährungsstrafe davon. Da sie mehr als ein Jahr betrug, verlor er seine Beamtenrechte und wurde unehrenhaft entlassen. Der nächste Ex-Polizist in diesem Fall.

Am härtesten traf es Rummel. Ihn verurteilte das Leipziger Landgericht wegen Anstiftung zum Raub, Nötigung und Verstoßes gegen das Waffengesetz. Für das Gericht war er jener „Viper"-Mitarbeiter, der den Auftrag an die ausführenden Hintermänner weitergereicht hatte. Er musste für vier Jahre und vier Monate ins Gefängnis.

Apelholer bekam dreieinhalb Jahre Gefängnis aufgebrummt. Darüber hinaus erhielt er für die Zeit nach der Haft ein vierjähriges Berufsverbot. Ihm wurden Anstiftung zur Nötigung in einem besonders schweren Fall und außerdem Bestechung in 19 Fällen, Amtsanmaßung und Verstoß gegen das Waffengesetz bescheinigt.

Deublinger bestellte die „Zwangsräumung" der Wohnung mündlich. Schriftlich wurde natürlich nichts festgehalten und einen Vertrag, auf den man pochen konnte, gab es schon gar nicht. Solange kein Geld geflossen war, hätte sich Deublinger zumindest theoretisch aus der Affäre ziehen können. Natürlich wäre dann ein Besuch der Männer fürs Grobe bei ihm vorprogrammiert gewesen. Und wie ein solcher Besuch ausging, das wusste er jetzt. Die Gangster waren eine Bedrohung und die Garantie dafür,

dass er zahlen würde. In dem Moment, in dem er Apelholer die 10.000 Mark aushändigte, outete er sich als Auftraggeber, Anstifter und Täter und saß beweiskräftig mit im Boot.
Allerdings wurde der Auftrag nicht wie vereinbart ausgeführt. Davon, dass die Wissmanns verletzt werden oder irgendwie anders zu Schaden kommen sollten, war angeblich nicht die Rede gewesen. Und der Schaden in der Wohnung war wohl auch größer als geplant. Aber die Wohnung war nun frei, und vielleicht hatte er ja doch Angst, dass es ihm – im Falle der Weigerung, die 10.000 Mark zu zahlen oder den Preis zu drücken – ergehen könnte wie seinen Ex-Mietern. Also zahlte er und damit sollte die Angelegenheit für ihn eigentlich erledigt sein.
Doch das war sie nicht!
Wegen Nötigung bekam er ein Strafverfahren angehängt. Die Strafe für das, was er getan hat, blieb jedoch vergleichsweise mild: Er kam wohl mit einer Geld- oder Bewährungsstrafe davon. Doch die Wissmanns hatten nun einen Hebel, mit dem sie ansetzen konnten, um Schadenersatz und vor allem Schmerzensgeld einzuklagen, gegen alle Beteiligten, vom Auftraggeber bis zu den Hintermännern.

VON MÜNCHEN ZURÜCK IN DIE HÖLLE

Als in vielen ostdeutschen Betrieben nach der Wiedervereinigung 1990 die Lichter ausgingen, standen gut ausgebildete Fachkräfte auf der Straße, arbeitslos und erst mal ohne Perspektive. Im Osten gab es kaum neue Arbeitgeber, die saßen fast alle im Westen und suchten Fachkräfte, händeringend. Viele Ostdeutsche nutzen die Chance, in einem ähnlichen Job wie bisher im Westen weiterzumachen.

Andere erfanden sich neu.

Brauchte beispielsweise noch jemand eine entlassene Schreibkraft? Wohl kaum, der Job war out. Es gab nichts zu schreiben: keine Angebote, keine Rechnungen, keine Korrespondenzen, nichts.

Die Abwicklung der ehemals volkseigenen Betriebe dokumentierten andere.

Außerdem war die Arbeit eintönig und schlecht bezahlt.

Nie wieder Schreibkraft, hatte sich Katrin Fellmann aus Gohlis vorgenommen, auch nicht im Westen! Sie wohnte in der Coppistraße 71 und blätterte die seitenlangen Jobangebote in den Tageszeitungen durch. Mal waren es zehn Seiten, mal zwanzig, mal noch mehr Seiten voller Angebote für einen Neuanfang. Eine wahre Fundgrube, auch zum Träumen. Hier war die Jobvermittlung, das Drehkreuz in ein neues Leben. Jeden Tag boten sich neue Chancen. Man musste nur zugreifen.

Das heute schmucke Haus in Gohlis war 1991 Schauplatz eines vermeintlichen Tötungsdeliktes

Und dann stieß sie 1991 auf die Annonce, die ihr Leben verändern sollte: „Bardame in München gesucht!" Mein Gott, das wäre was! Als Bardame in München. Katrin Fellmann war Mitte zwanzig und sollte da arbeiten, wo andere ihre freie Zeit verbrachten und Spaß hatten? Davon hatte sie zwar nicht unbedingt geträumt. Aber warum nicht? Es war etwas vollkommen anderes und ganz sicher nicht spießig, eintönig und öde. Immer chic gekleidet und frisiert sein, einen sehr guten Verdienst haben, neue Leute in toller Atmosphäre kennenlernen. Da tat sich eine ganz andere Welt mit ungeahnten Möglichkeiten auf.

Sie war hellauf begeistert.

Ihr Ehemann Thomas war es wohl eher nicht. Die bayerische Landeshauptstadt war ihm eigentlich viel zu weit weg. Und überhaupt – seine Frau als Bardame in München! Was sollte das werden?! Was gehörte so alles zum Berufsbild einer Bardame, fragte er sich besorgt. Irgendwie hatte schon das Wort etwas Anrüchiges, fand er. Lauter besoffene Kerle, Wessis, die seine Frau hinter dem Tresen anglotzen und sie anbaggern! Und irgendwann tief in der Nacht hätte sie Feierabend. Und irgendeiner würde warten, um sie nach Hause zu bringen, oder?

Konnte sie nicht etwas anders machen?

Aber einen besseren Vorschlag hatte er nicht. Er war selbst arbeitslos und das würde sich so schnell wohl nicht ändern. So hatte wenigstens einer der Eheleute einen Job gefunden. Kinder hatten sie nicht.

Von nun an arbeitete Katrin Fellmann als Bardame in München und kam nur noch alle 14 Tage nach Hause. Ihr arbeitsloser Ehemann hatte genügend Zeit, sich auszumalen, was seine Frau angeblich in ihrer Freizeit tat.

Und sie brachte das Geld nach Hause, das war nicht wenig. Es war auf jeden Fall viel mehr als sein Arbeitslosengeld, oder als sie in Leipzig verdienen würde, gäbe es hier genügend Jobs. Wenn für die gemeinsame Wohnung neue Anschaffungen nötig waren, steuerte sie das Geld aus ihren Einkünften bei. Dank ihr konnten sie sich teure Dinge leisten, neue Möbel zum Beispiel. Thomas baute sie dann auf. Er hatte ja Zeit. Doch die Möbel waren schnell zusammengeschraubt und so viele neue Einrichtungsgegenstände brauchten sie ja nun auch nicht. Irgendwie fehlte ihm allein der Antrieb, in der übrigen Zeit etwas Sinnvolles zu tun, sich beispielsweise eine Arbeit zu suchen. Im Grunde lebte er auf Kosten seiner Frau. Wenn sie alle zwei Wochen nach Hause kam, war die Wohnung verwahrlost und Thomas betrunken. Das Verhältnis zwischen den beiden wurde mit der Zeit immer angespannter. Es wurde deutlich, dass sie inzwischen zwei verschiedene Leben führten, kein gemeinsames mehr. Katrin war aktiv und voller Elan, Thomas eher missmutig und vor allem betrunken.

Statt einer freudigen Begrüßung gab es bald nur noch Vorwürfe, verbale Ausfälle und schließlich Schläge. Als hätte er darauf gewartet, dass sie endlich zur Tür hereinkam und er ihr seinen angestauten Frust entgegenschleudern konnte.

Thomas war aktiver Boxer. Er konnte zulangen und wusste, wo es wehtat. Seine Frau schonte er nicht.

Egal, ob in der Wohnung, auf der Straße, in Gaststätten – mittlerweile eskalierte der Streit zwischen den Eheleuten schnell. Zwischen beiden gab es nur noch Reizthemen. Sie waren dünnhäutig geworden – und dann schlug er zu. Weil der Frust nicht weggehen wollte oder ihm einfach danach war. Immer wieder schlug er sie. Katrin war für ihn so etwas wie ein rotes Tuch geworden.

Und dann kam der 8. Juni 1991, ein Samstag. Katrin war am Tag zuvor aus München angereist und wollte das Wochenende in Leipzig verbringen. Sie waren ja verheiratet, doch Thomas ahnte seit geraumer Zeit wohl nichts Gutes. Er befürchtete, dass Katrin an Scheidung dachte. Vielleicht wartete in München ja schon irgendein Kerl auf sie. Die Situation war angespannt.
Und doch wollte das Ehepaar an diesem Abend gemeinsam mit einigen Freunden eine Diskothek besuchen. Aber Thomas war sturzbetrunken und hatte die ganze Zeit mit seiner Frau gestritten. In diesem Zustand wollte ihn niemand mitnehmen. Er sollte zu Hause bleiben und ausnüchtern. Ihm blieb nichts anderes übrig, als sich aufs Sofa zu legen. Außerdem fiel es ihm schwer, sich auf den Beinen zu halten.
Nachts gegen zwei Uhr kehrte die Gesellschaft gut gelaunt von der Party zurück und wollte bei den Fellmanns noch ein bisschen weiterfeiern. Thomas war munter und hatte sich wohl inzwischen ein bisschen erholt. Kaum betrat Katrin die Wohnung, wurde er an den vorangegangenen Streit erinnert und sah wieder rot. Mit ihren Gedanken schien sie weit weg zu sein. Sie kam mit einem Begleiter an ihrer Seite, bei dem sie sich untergehakt hatte, durch die Tür. Alle hatten viel Alkohol intus. Und es sollte ja noch weitergehen. Bis auf Thomas waren alle ganz gut drauf.
Sicherlich hatte sie ihn schon mal mit Scheidung gedroht, möglicherweise jetzt wieder – so gelöst wie sie war, und so beschützt sie sich von ihren Freunden fühlte.
Doch das war keine gute Idee gewesen.
„Ehe du dich scheiden lässt, bringe ich dich um!“, soll er jedenfalls gebrüllt haben.
Und augenblicklich hatten sie sich wieder in den Haaren.

Der Streit ging vor der Zimmertür weiter.
Und dann eskalierte die Auseinandersetzung wie noch nie zuvor.
Im Schlafzimmer ging Thomas Fellmann mit geballten Fäusten wie ein Stier mit gesenkten Hörnern auf seine Frau Katrin los. Sie war kleiner als er und ihm physisch unterlegen. Faustschläge in schneller Folge prasselten nun auf sie ein. Außerdem traktierte er sie mit brutalen Fußtritten. Katrin Fellmann kauerte halb zusammengekrümmt mit dem Rücken zur Wand und schützte sich, so gut es ging. vor dem Angriff ihres Mannes. Katrin flehte ihn an, dass er aufhören solle. Doch es schien ihn nicht zu interessierten. Vielmehr sah es so aus, als wollte er sie tatsächlich umbringen.
Auf der Frisierkommode lag ein großes Küchenmesser. Es war vom Schrankaufbau am Vortag da liegen geblieben. Thomas hatte vergessen, es wegzuräumen.

„Ich habe nicht groß überlegen können. Ich wollte ihm nur Angst einjagen, ihn nicht verletzen", versicherte die Frau später vor Gericht. Der Prozess gegen sie fand im September 1992 vor dem Bezirksgericht Leipzig statt. (Das Landgericht Leipzig wurde erst am 1. Januar 1993 wieder eingerichtet.)
Was genau mit dem Messer passiert war, konnte Katrin Fellmann sich und dem Gericht nicht erklären. Aber das Ergebnis war eindeutig.
„Ich muss ihn am Bauch verletzt haben", meinte sie nur.
Thomas sackte schwer verletzt zusammen und starb zu ihren Füßen.
Der Gerichtsmediziner entdeckte bei der Obduktion des Leichnams zwei tiefe Stichverletzungen im Bereich der Rippen. An diesen beiden dreizehn Zentimeter tiefen Wunden ist er letztlich verblutet. Dreizehn Zentimeter! Da war viel Kraft, Wut oder

Verzweiflung nötig, um die Waffe derart tief in den Körper ihres muskulösen Mannes zu rammen. Hatte die Frau tatsächlich mit solcher Wucht zugestoßen oder war Thomas ihr beim Angriff ins Messer gelaufen? Aber gleich zwei Mal?

Der Staatsanwalt hatte Katrin Fellmann ursprünglich wegen Totschlags angeklagt. Grundlage dafür war auch die Aussage eines Zeugen bei der Polizei, der in der Tatnacht dabei gewesen ist. Dieser Zeuge behauptete, Katrin Fellmann habe ihrem Mann verbal mit dem Tode gedroht, das Messer aus der Küche geholt und dann zugestochen. Diese Aussage nahm der Zeuge vor Gericht zurück: Es wäre genau andersherum gewesen, sagte er nun. Der Ehemann habe ihr gedroht und das Messer habe bereits im Schlafzimmer gelegen.

Im zweiten Anlauf bestätigte er Katrin Fellmanns Aussage.

Der Staatsanwalt rückte während des Verfahrens von der ursprünglichen Anklage ab und forderte nur noch wegen Körperverletzung mit Todesfolge eine Bewährungsstrafe von einem Jahr und neun Monaten. Er war der Ansicht, dass sie die Grenzen der Notwehr überschritten und ihren Ehemann mit dem Messer angegriffen habe.

Das letzte Wort aber hatte der Richter und dieser sprach Katrin Fellmann frei! In seinen Augen waren die beiden tiefen Messerstiche ein klarer Fall von Notwehr. Die Frau hatte sich in Todesangst gewehrt.

Aus großer Höhe stürzte das Opfer auf den Fußweg in der Demmeringstraße

DER LEIPZIGER FENSTERSTURZ

Es existieren in Leipzig nur wenige Straßen, die in den Neunzigerjahren des 20. Jahrhunderts gleich mehrmals Schauplatz von Mord und Totschlag geworden sind. Dazu gehörte beispielsweise ein kleiner Straßenzug im Nordosten der Stadt: die keine dreihundert Meter lange Lazarusstraße in Schönefeld-Abtnaundorf. Sie verläuft nördlich und parallel zur Ossietzkystraße und liegt eigentlich sehr ruhig und idyllisch nahe einer Kleingartenanlage und des Abtnaundorfer Parks. Im Juni 1991 wurde in Haus Nummer 19 ein 70-jähriger Mann stranguliert. Er saß zusammengesunken in seinem Sessel, als man ihn fand. Und im April 1992 geschah während eines nächtlichen Saufgelages in Haus Nummer 1 ein Brudermord. Der Täter erwachte am nächsten Tag in einer Blutlache und konnte sich an nichts erinnern.

Und dann ist da die Demmeringstraße im Leipziger Westen, die vom Lindenauer Markt in Richtung Grünau führt! Bereits im April 1992 starb in Haus Nummer 32 ein Mann durch mehrere Kopfschüsse (Fall „Stille Schüsse in der Nacht“, auch in diesem Buch). Und im März 1994 – da wussten die Ermittler noch nichts von jenem Mord in der Nummer 32, der konnte erst Ende der Neunzigerjahre aufgeklärt werden! – haben erschütternde Ereignisse in Haus Nummer 24 die Anwohner eines Nachts aufgeschreckt.

Den ganzen Abend des 13. März 1994 hatte das Paar aus der zweiten Etage der Demmeringstraße 24 viel Alkohol getrunken und

erbittert gestritten. Zur verbalen Auseinandersetzung kam die körperliche Attacke hinzu. Beschimpfungen flogen nur so durch die Gegend, Teller und Tassen krachten gegen die Wände. Stühle landeten in der Zimmerecke und so weiter. Es gab Schläge und Tritte. Das alles passierte nicht zum ersten Mal. Das Paar, eine 34-jährige Frau und ein 49-jähriger Mann, war im Haus bekannt für seine lautstarken und gewalttätigen Auseinandersetzungen, sobald der Alkoholpegel ein enthemmendes Level erreicht hatte. Vor allem die Frau, Juliane Schwarzer, war die Leidtragende.
Der 14. März 1994 war noch jung, die Straße dunkel und leer. Ein paar Straßenlaternen leuchteten, noch für niemanden. Gegen 1 Uhr wurde in die nächtliche Stille hinein das Fenster in der zweiten Etage geräuschvoll aufgerissen und kurz danach war auf dem Fußweg ein dumpfer Aufprall zu hören. Dann war Ruhe, in jeder Hinsicht.
Kurz danach fanden Hausbewohner die aus sieben Metern Höhe gestürzte Juliane Schwarzer auf dem Gehweg. Die schwer verletzte Frau lag etwa zweieinhalb Meter von der Hauswand entfernt.
Eigentlich hätte in der zweiten Etage ein Fenster offen stehen müssen. Doch es waren alle geschlossen.
Polizei und Krankenwagen waren schnell vor Ort.
Die Verletzungen vom Sturz aus so großer Höhe waren lebensgefährlich. Juliane Schwarzer hatte sich bei dem Aufprall mehrere Rippen und die Schädelbasis gebrochen. In kritischem Zustand kam sie in ein Krankenhaus, wo sie wenige Stunden später starb, ohne das Bewusstsein wiedererlangt zu haben. Sie konnte zu den Vorgängen in der Wohnung nichts mehr sagen.
Die Frage, die sich den Ermittlern nun stellte, war: Sprang Juliane Schwarzer aus mehr oder weniger freien Stücken oder wurde sie aus dem Fenster gestoßen? War es Selbstmord oder Mord?

Aber warum sollte sie freiwillig aus dem Fenster springen und sich die Knochen brechen?

In der Wohnung fanden die Ermittler Frieder Gebhardt, den Lebensgefährten von Juliane Schwarzer, vor.

Die Räume boten ein Bild des Grauens. Die Wohnung befand sich nicht nur in einem verwahrlosten Zustand: unaufgeräumt, leere Flaschen überall, der Mülleimer quoll über, schmutziges Geschirr stand herum. In jedem Zimmer entdeckten die Ermittler Kampfspuren, umgestürzte Tische, verschobene Schränke. Vor allem aber fanden sie in jedem Raum frisches Blut: auf Möbeln, auf dem Fußboden, an den Wänden. Gebhardt war weitgehend unverletzt geblieben. Es war das Blut der Frau, das überall in der Wohnung zu finden war. Der Mann muss sie kurz vor dem Fenstersturz ziemlich brutal mit Schlägen und Tritten attackiert und schwer verletzt haben. Für Juliane Schwarzer war die Situation verzweifelt gewesen. Wahrscheinlich hatte sie um ihr Leben gefürchtet.

Sah sie in einem Sprung aus dem Fenster den rettenden Ausweg? So, wie Menschen sich aus brennenden Häusern stürzen, um dem sicheren und qualvollen Tod in den Flammen zu entgehen, wenn auch mit Blessuren? Aber immerhin gab es dann eine winzige Chance zu überleben. Lange darüber nachdenken konnte Juliane Schwarzer sicher nicht. Bloß weg aus der Hölle, ob das nun Flammen waren oder häusliche Gewalt. Einen besseren Tod fand man immer.

War es also möglich, dass Frieder Gebhardt seine Lebensgefährtin in den Tod getrieben hatte?

Augenzeugen gab es keine. Niemand konnte bezeugen, dass Juliane Schwarzer aus dem Fenster stürzte oder ob jemand nachgeholfen hatte. Nur Frieder Gebhardt wusste, was geschehen war. Doch der Mann schwieg. Er machte keine Angaben zum verhängnisvollen Abend und zu dem tödlichen Fenstersturz schon gar nicht. Den Ermittlern blieb nichts anderes übrig, als in das fast alltägliche, manchmal etwas trockene Brot für Kriminalisten zu beißen: Sie waren komplett auf Indizien angewiesen, um den genauen Ablauf der Ereignisse zu rekonstruieren. Je mehr Indizien, desto besser. Und je sicherer die Indizien, desto zweifelsfreier das Urteil. Zu Indizien zählten Spuren am Tatort, Aussagen der Anwohner und nicht zuletzt die Gutachten der Sachverständigen. Alles zusammen sollte dazu beitragen, die Geschehnisse in dieser Nacht zu einem stimmigen Bild zusammenzufügen und dann die entscheidende Frage zu beantworten: War das Mord oder Selbstmord?

Gegen einen Unfall sprachen die massive Gewalt und das geschlossene Fenster.

Die Beamten versiegelten die Wohnung. Frieder Gebhardt kam in Untersuchungshaft. Und dort blieb er bis zum Beginn des Prozesses. Die Anklage lautete auf Totschlag. Ihm wurde vorgeworfen, Juliane Schwarzer in jener Nacht aus dem Fenster gestoßen zu haben. Ein Geständnis oder irgendeine Wortmeldung von ihm gab es nach wie vor nicht.

Der Prozess begann im Oktober 1995 am Leipziger Landgericht.

Gebhardts Verteidiger wollte nachweisen, dass sein Mandant gar nicht in der Lage gewesen ist, die Tat zu begehen. Gleich zu Beginn des Prozesses stelle er einen Antrag.

„Herr Gebhardt war zum Zeitpunkt des Fenstersturzes stark alkoholisiert. In diesem Zustand hatte er gar nicht die Kondition gehabt, seine achtzig Kilogramm schwere, ein Meter achtzig große Lebensgefährtin überhaupt und dann so weit aus dem Fenster hinauszuwerfen, dass sie zwei Meter fünfzig von der Hauswand entfernt auf dem Gehweg landet. Ich beantrage ein Gutachten, dass sich dieser Frage annimmt."

Doch der Richter lehnte ab.

„Es ist gar nicht erwiesen, dass Frau Schwarzer auf genau diese Art aus dem Fenster befördert wurde. Verschiedene Varianten sind möglich. Da kann auch der Gutachter nur spekulieren", begründete der Richter seine Entscheidung.

Im Übrigen würde es nicht schwer sein, diese spezielle Variante auszuschließen. Gewonnen wäre damit nichts. Stoßen, schieben, an den Knöcheln packen und an den Beinen hochreißen, wuchten, schleifen und so fort wären weitere Möglichkeiten, die ebenfalls infrage kämen.

„Halten wir uns an die Fakten", sprach der Richter und trug alle Ermittlungsergebnisse zusammen. Das besagte Fenster mit Fensterbank, Fenstergriff und -rahmen, aus dem die Frau mutmaßlich gestoßen wurde, hatte zunächst im Mittelpunkt der Untersuchungen gestanden. Den Ermittlern war aufgefallen, dass die Frau an diesem Fenster seltsamerweise keine Spuren hinterlassen hatte. Augenscheinlich hatte sie weder die innere noch die äußere Fensterbank angefasst. Ihre Kleidung war frei von Schürfspuren. Sie hatte also den Fensterrahmen nicht oder nur geringfügig touchiert. Unter den Fingernägeln fanden sich keine Spuren, die belegen konnten, dass sie versucht hatte, sich irgendwo festzuhalten. Man musste sich angesichts dieser Spuren fragen, ob die Frau überhaupt bei Bewusstsein war, als sie das Zimmer durch das Fenster verließ. Sicher war, Gebhardt hatte seine Lebensgefährtin massiv geschlagen, wie ihr Blut, das überall in der Wohnung zu finden war, bewies. Auch die Aussagen der Nachbarn wiesen in diese Richtung. Die Zeugen hatten einen lauten, gewalttätigen Streit gehört, der ihnen das Blut in den Adern hatte gefrieren lassen. Hatte Juliane Schwarzer unter

den Schlägen das Bewusstsein verloren und hatte Gebhardt sie in diesem Zustand zum Fenster geschleift und hinausgeworfen? Gab es deshalb keine Spuren von ihr?
Nein, bis zum Fenstersturz war Juliane Schwarzer bei Bewusstsein. Denn der Streit zwischen den beiden dauerte bis unmittelbar vor dem Sturz und dem folgenden dumpfen Aufprall an, bei dem sie dann das Bewusstsein verloren hatte. Dafür gab es Zeugen, die das gehört hatten.
Das Fenster hatte Gebhardt nach der Tat wieder geschlossen. Er war jetzt allein in der Wohnung und für die Anwesenheit eines Dritten gab es keinen Hinweis. Der Fenstergriff und der Fensterrahmen waren blank geputzt, alle Spuren beseitigt. Offenbar hätten die Ermittler hier etwas Interessantes finden können. Es stand außer Frage, dass es der Angeklagte gewesen war, der alles gründlich gereinigt hatte. Warum? Aus Ordnungsliebe wohl kaum, wenn man sich die Bilder von der verwahrlosten Wohnung ansah. Hätten die getilgten Spuren beweisen können, dass er a) das Fenster geöffnet und b) Juliane Schwarzer sich verzweifelt am Rahmen festgehalten hatte, um nicht abzustürzen? Hatte Gebhardt ihre Finger vom Rahmen gelöst und sie dann in die Tiefe fallen lassen? Diese verräterischen Spuren mussten aus Sicht von Gebhardt verschwinden! Dann würde es für seine Tat keinen Beweis geben.
Aber es gab Indizien, die ihn schwer belasteten!
Die Reinigung von Fenstergriff und Fensterrahmen war so ein belastendes Indiz und ein eindeutiger Hinweis auf das „Tatfenster". Denn die anderen Fenster und Fensterrahmen waren nicht gereinigt.
Und dann zog das Gericht noch einen Trumpf aus dem Ärmel, einen sogenannten Richterhinweis. Das Gericht ließ den Angeklagten wissen, dass auch eine Verurteilung wegen Mordes mög-

lich war. Denn vielleicht war der Fenstersturz eine „Verdeckungstat“, mit der er die körperlichen Misshandlungen seiner Freundin kaschieren wollte. Das spräche dann für Mord.
Gebhardt und sein Verteidiger waren alles andere als begeistert. Jetzt drohte eine Verurteilung wegen Mordes und lebenslange Haft für seinen Mandanten! Dabei wollte er für ihn einen Freispruch erwirken und der Frau einen Selbstmord in die Schuhe schieben. Gebhardts Verteidiger musste sich nochmals ins Zeug legen.
Und so langsam, fand wohl das Gericht, sollte Gebhardt sein Schweigen brechen, um die Vorgänge in der Tatnacht offenzulegen. Nur eine geeignete Aussage konnte jetzt noch das Schlimmste für ihn abwenden. So ein Richterhinweis war wie ein Schuss vor den Bug. Der nächste Schuss würde sitzen und das Schiff versenken sozusagen.
Unterdessen hielt die Staatsanwältin ihr Plädoyer. Für sie war alles gesagt und glasklar. Sie ging von Totschlag aus und forderte eine Haftstrafe von zehn Jahren. Sie glaubte, dass der Angeklagte trotz Trunkenheit sehr wohl in der Lage gewesen ist, seine Freundin „mit Schwung aus dem Fenster zu werfen“. Er habe nach der Tat zielgerichtet seine Spuren beseitigt – und Möbel verrückt. So betrunken und hilflos konnte er dann wohl nicht gewesen sein.
Nach dem Fenstersturz hätten Anwohner rumpelnde Aktivitäten aus der Wohnung vernommen, als würden Möbel hin und her geschoben. Im Mittelpunkt des Interesses stand dabei ein kleiner Schrank, nicht schwerer als fünfzehn Kilo. Das Gericht vermutete, dass dieser erst nach der Tat vor das besagte Fenster geschoben worden ist, was die Verteidigung jedoch vehement bestritt. Der flache Schrank habe schon immer hier gestanden, behauptete dagegen Gebhardts Rechtsvertreter. Denn mit diesem Möbelstück vor dem Fenster soll es, laut Verteidigung, unmöglich gewesen

sein, die relativ schwere und ebenfalls betrunkene Frau aus dem Fenster zu bugsieren. Also kein Totschlag oder Schlimmeres!
Die Verteidigung vertrat nach wie vor die These, dass die Frau Selbstmord begangen hat. Um diese Vermutung zu belegen, brachte der Verteidiger eine frühere Straftat des Angeklagten als ein Indiz in die Verhandlung ein. Genauer gesagt tat das der Angeklagte selbst. Er hatte den Richterhinweis offensichtlich verstanden und brach kurz vor Ende des Prozesses sein Schweigen. Gebhardt trat die Flucht nach vorne an und offenbarte, dass er kein unbeschriebenes Blatt war. Vor Jahren habe er eine solche „Fenstergeschichte“, wie er das nannte, schon einmal heraufbeschworen. Einer anderen Frau hatte er das Leben ebenfalls mit körperlicher Gewalt zur Hölle gemacht. Als sie es leid war, von ihm geschlagen zu werden, stellte sie sich ins offene Fenster und drohte zu springen. Damals sei die Angelegenheit glimpflich ausgegangen. Sie sprang nicht, zeigte ihn aber an. Ein Gericht verurteilte ihn damals wegen Körperverletzung.
Ja, er habe auch Juliane Schwarzer geschlagen. Das gab er zu.
Es war aber auch kein Geheimnis mehr. Das war längst klar.
Auch dieses Mal habe die Frau sich vor das geöffnete Fenster gestellt und gedroht zu springen, behauptete er. Sie machte in jener Nacht ihre Drohung wahr und stürzte sich vor seinen Augen in die Tiefe, meinte er weiter. Das wäre eindeutig Selbstmord gewesen.
Warum er gleich darauf das Fenster schloss, Spuren beseitigte und sich nicht um seine Freundin kümmerte, sagte er nicht.
Er habe dieser Frau nichts getan, beteuerte er immer wieder. Was natürlich nicht stimmte.
Tränen liefen ihm die Wangen herunter.
Reine Show, munkelten manche im Saal.
Der Verteidiger von Frieder Gebhardt startete sein Plädoyer und

forderte gleichzeitig weitere Untersuchungen. Für ihn waren hier längst noch nicht alle Messen gesungen.

Interessanterweise zog er alle Indizien, die auf dem Tisch lagen und auch die Art, wie sie gewertet wurden, in Zweifel. Das war sein Job, da sich die Unschuld seines Mandanten nicht beweisen ließ. Ermittlungsergebnisse schien er einfach zu ignorieren. Dabei erzeugte er auch Widersprüche und Ungereimtheiten. Das verwirrte ein bisschen. Es war klar, worauf das hinauslaufen sollte: im Zweifel für den Angeklagten. Für den Verteidiger stand längst nicht fest, was sich in jener verhängnisvollen Nacht tatsächlich abgespielt hatte, als die Frau starb. Der Tathergang war seiner Ansicht nach zu vage beschrieben und eine Verurteilung daher nicht möglich, jedenfalls nicht nach rechtsstaatlichen Grundsätzen. Das war eine heftige Keule.

Sein erster Kritikpunkt: Er warf den Ermittlern vor, sie hätten ihre Untersuchungen nur auf das eine Fenster konzentriert. Es gab aber noch weitere Fenster, aus denen Juliane Schwarzer sich hätte stürzen können, wie er es formulierte. Warum hat das niemand in Betracht gezogen und die Untersuchungen entsprechend ausgedehnt? Schließlich waren alle Fenster geschlossen, als der erste Zeuge vor Ort eintraf. Woher wollten die Ermittler also wissen, welches das „Sturzfenster“ war?

Das haben die Untersuchungen längst zweifelsfrei ergeben! Doch daran versuchte er nun zu rütteln.

Der zweite Kritikpunkt: das Schränkchen vor dem letztlich als „Tatort“ identifizierten Fenster. Der Verteidiger behauptete unerschütterlich, dass es schon immer dort gestanden habe und nicht nach der Tat dorthin gerückt worden wäre. Wenn es hier schon immer gestanden hatte, konnte niemand aus diesem Fenster geworfen worden sein. Das Schränkchen hätte die Tat quasi wie ein

kleines Bollwerk verhindert. Wo wäre dann bitte schön das „Sturzfenster“?
Dann schlug er vor, nach Kratzern auf dem Boden zu suchen. Der Gedanke dahinter: Gab es Kratzer, wurde der Schrank bewegt. Gab es keine Kratzer, stand der Schrank schon länger hier.
Er wusste nicht, ob es Kratzer gab. Er hatte keine Möglichkeit gehabt, das vorher zu überprüfen. Es war der letzte, nicht ganz ausgearbeitete Pfeil, den er für seinen Mandanten nun abgeschossen hatte. Sein Köcher war jetzt leer.
Der Anwalt pokerte hoch, denn sein Mandant hatte nicht mehr viel zu verlieren.
Im Gerichtssaal konnte die Frage, ob sich Kratzer auf dem Fußboden befanden, nicht geklärt werden. Im Ermittlungsprotokoll stand nichts von einem zerkratzen Fußboden. Und entsprechende Fotos standen nicht zur Verfügung. Das Thema Kratzer hatte bei der Spurenaufnahme keine Rolle gespielt. Woher hatte man wissen sollen, dass es im Prozess schließlich wichtig sein würde?
Und so trafen sich alle Prozessbeteiligte Mitte Oktober 1995 am Tatort in der Demmeringstraße 24. Das gesamte Gebäude, inklusive Treppenhaus, machte einen tristen, verwahrlosten Eindruck.
Der Angeklagte betrat in Handschellen seine alte Wohnung. Richter, Verteidiger, Staatsanwältin, Protokollant und so weiter drängten sich an dem beengten, seit einem halben Jahr ungelüfteten Tatort.
Und dann kam der große Augenblick: Kratzer oder nicht?
Der Fußboden unter dem Fenster wurde genau unter die Lupe genommen. Und siehe da: Auch mit bloßem Auge waren an der entscheidenden Stelle auf dem Boden tatsächlich Kratzer zu erkennen. Im Protokoll las sich das dann so: Es gibt Kratzer im „fest anhaftenden Dreck unter dem Fenster“.

Das Gericht resümierte: „Es ist wahrscheinlich, dass der Angeklagte das Möbelstück wegzerrte."
Gut. Hatte Gebhardt also den kleinen Schrank durch die Gegend geschoben. Aber was bedeutete das nun?
Nichts weiter. Für die Tat war es völlig unerheblich, ob das Möbelstück dort gestanden hatte oder nicht. Selbst wenn es da gewesen wäre, hätte der Angeklagte die Frau darüber hinweg aus dem Fenster stoßen können, befand der Richter.
Viel Aufregung um nichts also? Na ja, nicht ganz! Denn das verschobene Möbelstück war ein klares Indiz dafür, dass Gebhardt direkt am Tatort etwas zu verschleiern hatte. Es war das i-Tüpfelchen in der Indizienkette, die zur Verurteilung des Täters führte. Ironischerweise angeregt von der Verteidigung.
Damit war alles geklärt.
Wieder im Gerichtssaal in der Harkortstraße 9, erhielt der Angeklagte den Schuldspruch.
Der Verteidiger tobte. Er kündigte Berufung an. Für ihn war noch immer ein Umstand ungeklärt: Die Frau hätte, argumentierte er, wenn sie aus dem Fenster gestoßen worden wäre, auf der Fensterbank Spuren hinterlassen müssen.
Allerdings stand er mit dieser Ansicht alleine da. Gebhardt hatte in jener Nacht geputzt wie noch nie.
Die Tat in den frühen Morgenstunden des 14. März 1995 hat sich höchstwahrscheinlich so abgespielt: Der stark alkoholisierte Frieder Gebhardt griff seine ebenfalls betrunkene Lebensgefährtin Juliane Schwarzer massiv an, nicht zum ersten Mal. Gegen 1 Uhr öffnete er das Fenster, schob die sich verzweifelt wehrende Frau in Richtung des Abgrunds und warf sie dann auf die Straße. Er schloss das Fenster wieder, reinigte Fenstergriff und Fensterrahmen und schob dann das Möbelstück vors Fenster. Vielleicht war

er ruhig und gefasst. Ob er daran dachte, wegzulaufen oder sich anderweitig zu verkrümeln (auf dem Dachboden, im Keller, im Schrank), konnte man nur mutmaßen. Während er in der Wohnung auf die Polizei wartete, lag seine Lebensgefährtin schwer verletzt und bewusstlos auf der Straße. Aber sie lebte noch.

Als die Beamten in die Wohnung kamen, ließ er sich widerstandslos festnehmen.

Während er in Untersuchungshaft gebracht wurde, starb Juliane Schwarzer im Krankenhaus an ihren schweren Verletzungen. Die Ärzte konnten nichts mehr für sie tun.

Frieder Gebhardt wurde wegen Totschlags verurteilt und bekam achteinhalb Jahre Gefängnis.

SCHWEIGEN FÜR DEN FREISPRUCH

Es hatte sich ausgequalmt an einem der dreckigsten Orte der untergegangenen DDR. Die Brikettveredelung in Espenhain, knapp dreißig Kilometer südlich von Leipzig, stellte 1990 ihren Betrieb ein und legte für immer ihre giftrauchenden Schlote still. Das war ein Segen für die Umwelt und gleichzeitig eine soziale Katastrophe. Tausende Menschen standen ohne Arbeit auf der Straße. Der „Aspehof" in der Leipziger Straße, einen halben Steinwurf von der B 95 entfernt, war das Arbeiterwohnheim des volkseigenen Betriebes gewesen. Auch im Jahr 1993 war das Gebäude bewohnt. Vor allem Singles, die keinen Job und keine andere Bleibe gefunden hatten, lebten hier. Die Miete war günstig und hart gesottene Saufkumpane wohnten gleich nebenan oder wenigstens nicht weit entfernt.

Am Nachmittag des 22. Januar 1993, einem Freitag, traf sich in der Wohnung des 32-jährigen Heiko Schuster die Nachbarschaft zu einem Trinkgelage. Wie viele Leute es genau waren, konnte später niemand mit Bestimmtheit sagen. Wenn man dann irgendwann zwischen zwei Flaschen Bier aus dem Fenster sah, war der Tag längst vorbei und die Nacht noch lange nicht zu Ende. Langsam wurde der Alkohol knapp und der 52-jährige Karlheinz Zoschke hatte noch Durst. Er war erst vor wenigen Tagen aus einem Leipziger Gefängnis entlassen worden und hier untergekommen. Am

späten Abend, etwa eine Stunde vor Mitternacht, brach der seit Jahren arbeitslose Schwelereiarbeiter in die nebenan gelegene Gaststätte „Aspe" auf, um Nachschub zu holen. Mit zwei Flaschen „Urtyp hell" verließ er die Kneipe und ging in den „Aspehof" zurück.
Dem Kellner war an Karlheinz Zoschke etwas aufgefallen: „Das Geld hielt er mir in blutverschmierten Händen entgegen. Ich sollte es mir passend nehmen. Mit spitzen Fingern fischte ich die Münzen aus dem Handteller. Plötzlich drückte er mir alles in die Hand und sagte: ‚Stimmt so – zwei Mark Trinkgeld.'" Frisches, noch feuchtes Blut sei daraufhin auch an seinen Händen gewesen, meinte der Kellner. Natürlich habe er sich gewundert. Er habe das Blut gleich wieder abgespült und weitergearbeitet.
Nachts war es in der Gegend ziemlich ruhig, trotz der B 95 war nur wenig Verkehr. Knapp eine Stunde später raste ein Fahrzeug auf den großen Hof. Ein Gast hörte den heulenden Motor. Es bremste scharf und dann wurde eine Autotür aufgestoßen und zugeschlagen.
Kurze Zeit später peitschten Schüsse durch die Nacht. Irrtum ausgeschlossen.
Minuten später sei wieder das Zuschlagen einer Autotür und hektisches Anfahren zu hören gewesen. Zeugen sagten der Polizei später, sie hätten einen Wartburg gesehen.
Es war kurz nach Mitternacht.
Wegen der Schüsse schien niemand besorgt zu sein. Doch in Wirklichkeit hatten alle Angst und trauten sich nicht aus den Häusern.
Nachts gegen zwei Uhr kam der 44-jährige Wilhelm Bause aus dem „Casino" nach Hause. Er teilte sich mit Heiko Schuster jene Wohnung, in der seit dem Nachmittag die sprichwörtliche Post abgegangen war. Der Mitbewohner brachte seinen Freund Herbert

Hinter dem mittleren Fenster in der 1. Etage wurden im Januar 1993 drei Menschen erschossen

Nischke mit. Dieser hoffte noch auf einen Absacker: ein Bier, ein Schnaps oder so. Nachdem Wilhelm Bause seine Wohnungstür geöffnet hatte, verharrte er wie betäubt an der Türschwelle. Er brauchte eine Weile, um das Bild des Grauens zu verarbeiten, das ihm wie einen Faustschlag entgegenschnellte. Die total verwüstete Wohnung. Nichts stand mehr so, wie es stehen sollte, und alles war zerschlagen, zerbrochen und wild verstreut. Und ins Chaos eingebettet lagen sie da: unnatürlich verrenkt, halb eingetaucht in die Möbeltrümmer, leblos und blutüberströmt: sein Mitbewohner Heiko Schuster, die 30-jährige Ines Walther und Karlheinz Zoschke. Allen dreien war aus nächster Nähe in den Kopf geschossen worden. Es sah aus wie eine Hinrichtung. Wilhelm Bause fiel auf, dass die Toten in der Nähe des zusammengebrochenen Tischs lagen. Als wären sie in gemütlicher Runde überrascht worden.

Er schüttelte seine Schockstarre ab und suchte bei den Opfern nach Lebenszeichen.

„Vor dem Sessel sah ich zusammengekrümmt und regungslos den Karlheinz Zoschke liegen. Der lebte seit fünf Tagen mit bei uns. Und auf der blauen Couch lag Ines Walther, die uns öfter mal besucht hat. Ich hab dem Heiko den Puls gefühlt, doch der ging nicht mehr", berichtete er später den Ermittlern.

Der Mann konnte nichts mehr für seine Bekannten tun und ging in das Heizhaus des „Aspehofes". Es war rund um die Uhr besetzt. Hier gab es ein Telefon. Er rief Polizei und Krankenwagen, die schnell vor Ort waren.

Die Spuren wurden gesichert und die Toten weggebracht.

Als Tatwaffe, das stellten die Ermittler schnell fest, kam eine kleinkalibrige Pistole infrage.

Im Angesicht der massiven Gewalt und der raumfüllenden Verwüstung ging die Polizei von mehreren Tätern aus. Doch Zeugen konnten zunächst nicht vernommen werden. Sie waren viel zu betrunken, um einen klaren Gedanken zu fassen, geschweige denn eine Aussage zu machen.

Nur Wilhelm Bause konnte einen Hinweis geben: „Schon zweimal wurden welche von uns brutal überfallen. Im November wurde Harald Feuerbach vor unseren Augen in dieser Wohnung so zusammengeschlagen, dass er drei Wochen lang im Krankenhaus lag. Und kurz vor Weihnachten hat es meinen Kumpel Dieter erwischt. Der liegt noch heute in der Klinik."

War das wieder so ein Überfall auf das ehemalige Wohnheim, der dieses Mal tödlich verlaufen war?

Aber warum hatte Karlheinz Zoschke bereits Stunden vor dem Mord blutverschmierte Hände?

Die gerichtsmedizinische Untersuchung bestätigte zunächst die Todesursache: Alle drei Opfer wurden aus nächster Nähe mit einer Pistole erschossen.

Hatten sie sich gewehrt?

Auch darauf gab die Untersuchung eine mögliche Antwort. Zumindest zwei der Opfer waren dafür wohl zu betrunken gewesen. Ines Walther hatte drei Promille, Karlheinz Zoschke mehr als zwei und Heiko Schuster knapp ein Promille im Blut. Wurde der „Wehrhafteste" unter ihnen gleich als Erster erschossen? Aber warum und spielte das eine Rolle?

Die Polizei setzte eine zehnköpfige Sonderkommission ein, um die Täter schnellstens zu fassen.

Bei den Ermittlungen stellte sich heraus, dass die Bewohner des „Aspehofes" einen weitläufigen Bekanntenkreis hatten. Oft kamen die Leute zu Besuch, manche wohnten hier eine Zeit lang und gingen dann wieder. Oder man traf sich zum Feiern. Es war ein Kommen und Gehen, unübersichtlich wie auf einem Rummelplatz.

Genauso soll es sich am Tatabend zugetragen haben, berichteten die Zeugen, als sie wieder nüchtern waren. Zahlreiche Personen aus nah und fern waren da gewesen. Am Abend sei in der Wohnung ein Streit ausgebrochen, der zu einer strammen Schlägerei geführt habe. Dabei wurde die Wohnung zertrümmert und daher stammten auch die zahlreichen Verletzungen, mit denen die drei Toten übersät waren, so auch Karlheinz Zoschkes blutverschmierte Hand, die dem Kellner aufgefallen war. Die Ermittler machten Personen ausfindig, die an der Prügelei beteiligt waren, und vernahmen sie als Verdächtige. Diese Aussagen führten sie „relativ rasch" zu Jürgen Kramer, der den Streit angezettelt und den Gewaltexzess losgetreten haben soll. Der Mann stammte aus dem benachbarten Ort Kitzscher und war 26 Jahre alt. Obwohl er zu diesem Zeitpunkt in festen Händen gewesen war, wurde zunächst eine Beziehung zur ermordeten Ines Walther vermutet. Jürgen Kramers Freundin Katrin Sommer war während der Auseinandersetzung ebenfalls in der Wohnung. Sie belastete ihren Partner bei der Polizei dann als Mörder, widerrief später ihre detaillierte Aussage und versuchte anschließend vergeblich, den Verdacht auf einen anderen Mann zu lenken. Außerdem wurde Jürgen Kramer in der Nacht noch einmal im „Aspehof" gesehen. Am Abend des 26. Januar 1993, das war ein Dienstag, klickten bei Kramer die Handschellen und er kam in Untersuchungshaft.
Der Mann war kein unbeschriebenes Blatt. Er war bereits vorbestraft und sein Vorstrafenregister ellenlang. Seit 1983, bereits als Jugendlicher, saß er einige Male im Gefängnis, verurteilt wegen Betrugs, Diebstahls und Raub. Auch mit Urkundenfälschung, Körperverletzung und anderen Delikten hatte er sich hervorgetan.
„Wir sind zwar überzeugt, dass wir nicht danebengegriffen haben,

aber es ist alles noch sehr vage", beschrieb der zuständige Staatsanwalt aus Leipzig den Ermittlungsstand zu diesem Zeitpunkt.
Aber was hatte den mutmaßlichen Täter dazu gebracht, derart auszurasten und Stunden später drei Menschen zu ermorden? Die Ermittler glaubten, es soll um Geld gegangenen sein, um die Rückzahlung eines kleineren Darlehens.
Ach, tatsächlich?
Zumal Anfang April 1993 – Jürgen Kramer saß seit mehr als zwei Monaten in U-Haft – bei der Bornaer Polizei ein Mann auftauche, der in jener Nacht feste mitgeprügelt hatte und sich nun selbst des dreifachen Mordes bezichtigte!
Doch die Polizei hatte ihren Täter bereits und ließ den Mann einfach laufen.
„Unglaublich!", kommentierte später der zuständige Richter die Entscheidung der Beamten. Die Ermittlungsbehörden hätten sich dieser Sache annehmen und die Aussagen überprüfen müssen!
Der Mann widerrief später sein Geständnis. Hinter dieser Aktion steckte vermutlich Katrin Sommer, die ihrem Freund helfen und dafür einen anderen Mann opfern wollte. Wie sie den andern Mann dazu bringen konnte, die Morde – wenn auch nur zeitweise – auf sich zu nehmen, ist ihr Geheimnis geblieben.

Mehr als ein Jahr nach der Blutnacht, am 1. März 1994, begann der Prozess gegen Jürgen Kramer vor dem Leipziger Landgericht. Die Anklage lautete auf dreifachen Totschlag. Und eine spannende Frage war, wie lange der Angeklagte noch schweigen wollte. Denn bisher hatte er sich nicht zu den Vorwürfen geäußert, sicherlich auf den Rat seines Anwalts hin. Dieser forderte für seinen Mandaten einen Freispruch, und Jürgen Kramers Aussagen vor Gericht wären da wohl wenig hilfreich gewesen.

Seriös gekleidet saß der mutmaßliche Totschläger auf der Anklagebank und sagte nichts. Auch auf Fragen reagierte er nicht. Seine Augen fixierten die meiste Zeit einen Punkt vor ihm auf dem Tisch. Als ein Video gezeigt wurde, das die Polizei am Tatort gedreht hatte und die ganze Wut, den Zerstörungswillen und die unglaubliche Brutalität des Täters dokumentierte, blieb sein Gesicht starr und unbewegt wie das einer ausgehärteten Wachsfigur.

Doch am zweiten Verhandlungstag meldete sich der Angeklagte nach dreizehn Monaten des Schweigens überraschend zu Wort.

Er wandte sich an Katrin Sommer, seine frühere Freundin. Sie sollte als Zeugin aussagen.

„Willst du mich heiraten?", rief er ihr lächelnd zu. Es entstand spontan der Eindruck, dass er ausgeblendet hatte, worum es hier ging, und einfach an was Schönes dachte.

Was zunächst wie ein unpassender Scherz, ein surrealer Zwischenfall anmutete, entpuppte sich als gut durchdachte Aktion. Mit dieser Frage wollte die Verteidigung allerdings keinen Zweifel an Kramers Zurechnungsfähigkeit wecken, sondern die Zeugin von ihrer belastenden Aussage entbinden. Denn nur aufgrund ihrer Angaben, die sie unmittelbar nach der Tat der Polizei gegenüber gemacht hatte, war ihr Ex-Freund als einziger Verdächtiger im Visier der Justiz verblieben. Vergeblich hatte sie bisher versucht, ihre Beschuldigung zurückzunehmen und Kramer aus dem Knast zu holen.

Und an diesem Tag sollte sie auch noch als Hauptbelastungszeugin vor Gericht aussagen! Damit wäre sein Schicksal so gut wie besiegelt gewesen.

„Ja, ich will", sagte sie die magische Formel, die ihre Verlobung mit dem Angeklagten perfekt machte: Im Gerichtssaal und vor zahlreichen Zeugen.

Der Richter war sprachlos. Er prüfte nun ad hoc die Rechtmäßigkeit und vor allem die Konsequenzen, die diese unerwartete Aktion nach sich zog. Das Ergebnis war eindeutig: Angeklagter und Zeugin galten ab sofort als „verwandt beziehungsweise verschwägert". Katrin Sommer durfte ihre Aussage verweigern, was sie auch tat. Und für die Anklagevertretung kam es noch dicker. Alles, was die Zeugin bei den Ermittlern zu Protokoll gegeben hatte, durfte vor Gericht nicht mehr verwendet werden.

Ein herber Rückschlag für die Staatsanwaltschaft.

Die 29-jährige Ex-Zeugin hatte längst wieder einen Mann an ihrer Seite. Dennoch verlobte sie sich mit dem Angeklagten. Jedem war klar, dass die Verlobung eine Farce war, ein geschicktes Spiel der Verteidigung. Moralische Maßstäbe galten vor Gericht nicht. Katrin Sommer musste nicht aussagen.

Um nichts anderes war es gegangen!

Doch die Sache hatte einen Haken.

Jürgen Kramer hatte ihr kurz nach der Tat im Januar 1993 Einzelheiten zu den Morden erzählt, und Katrin Sommer hat das Wissen nicht für sich behalten. Im Bekanntenkreis ließ sie hier und da ein paar verräterische Andeutungen fallen, die jetzt vor Gericht zur Sprache kamen und Kramer belasteten. Ironie der Geschichte: Auf diese Weise landete der entscheidende Teil von Katrin Sommers Aussagen doch noch verwertbar vor Gericht!

Ihrem neuen Freund beispielsweise habe sie erzählt: „Jürgen hat damit geprahlt, die drei Espenhainer umgelegt zu haben."

Ein anderer Zeuge meinte: „Katrin hat gesagt, dass Jürgen sich damit brüstete, die drei Menschen in Espenhain abgeknallt zu haben."

Zwei Männern habe sie gedroht: „Ich hole meinen Freund, der legt euch um wie die drei von Espenhain."

Das Kalkül von Kramers Verteidiger war nicht aufgegangen.
Und nun?
Der Verteidiger reagierte prompt. Er versuchte nun, Zweifel an der Glaubwürdigkeit der Zeugin und frisch verlobten Frau zu streuen, die er gerade eben ins Boot geholt und nun wieder über Bord werfen wollte – bildlich gesprochen. Vielleicht, so der Anwalt, hatte sie sich das alles ja nur ausgedacht und die Bekannten gezielt desinformiert, „um von sich abzulenken".
Der Verteidiger versuchte also, Katrin Sommer wieder als Verdächtige ins Spiel zu bringen. Immerhin war sie kein unbeschriebenes Blatt, ganz im Gegenteil! In den Achtzigerjahren saß die mittlerweile 29-jährige Frau wegen Mordes eine Freiheitsstrafe von acht Jahren ab. Erst zur Wende kam sie wieder frei.
Aber auch dieser Entlastungsversuch der Verteidigung war nur wie eine Rakete ohne Treibstoff und Wumms.
Denn die Ermittlungen gegen sie und andere Verdächtige wegen Mordes an den Bewohnerinnen und Bewohnern vom „Aspehof" waren längst zu den Akten gelegt. Die Verteidigung lieferte dem Gericht keinen überzeugenden Grund, sich nochmals damit zu beschäftigen.
Konsens herrschte nur darüber, dass es vor den tödlichen Schüssen in der Wohnung zu einer Schlägerei gekommen war. Ein Zeuge schilderte das so: „Jürgen war durchgedreht, er schlug wie ein Wahnsinniger auf Heiko ein, als der schon am Boden lag und blutete." Auch andere Besucher, die sich zu diesem Zeitpunkt in der Wohnung aufhielten, bekamen von den Faustschlägen und Tritten so einiges ab. Vielleicht wollten sie den Streit schlichten oder standen ungünstig.
Aber warum attackierte Kramer seinen Bekannten?
Dazu gab es zunächst verschiedene Vermutungen.

Einige Zeugen meinten, Kramer wäre wegen Katrin eifersüchtig auf Schuster gewesen.
Andere hatten gehört, Schuster wollte Kramer wegen einer anderen Sache bei der Polizei verpfeifen.
Die Polizei, wie gesagt, vermutete anfangs, es ginge dabei um die Rückzahlung eines kleineren Darlehens.
Der wahre Grund für die Schlägerei kristallisierte sich jedoch erst später heraus.
Jedenfalls sprach vieles dafür, dass das eigentliche Ziel der Mordattacke Heiko Schuster war.
Die Zeugen seien nach dem Gewaltexzess verletzt, geschockt gewesen – und nach Hause gegangen. Auch Kramer und Sommer gingen. Die drei späteren Opfer blieben also allein zurück.
Loderte Kramers Zorn tatsächlich so lange, dass er gegen Mitternacht noch einmal mit einer Waffe zurückkehre und seine drei Bekannten erschoss?
Nur Kramers Verteidigung war davon noch immer nicht überzeugt – und präsentierte einen weiteren Verdächtigen: Vincent Meerbusch. Der aus Espenhain stammende Mann war von der Polizei bereits vernommen und für unverdächtig erklärt worden. Doch Kramers Anwalt holte ihn wieder aus der Ablage hervor. Es waren drei Dinge, die seiner Ansicht nach gegen Vincent Meerbusch zu sprechen schienen. Der wichtigste Grund war: Er hatte für die Tatzeit kein ordentliches Alibi. Nicht einmal seine Freundin konnte ihm eins geben. Er soll in jener Nacht wie vom Erdboden verschluckt gewesen sein. Sie hätte ihn draußen gesucht, aber nicht gefunden. „Erst um Mitternacht kam er zurück und sagte, dass er mit einem Kumpel einen Hund in der Gegend von Störmthal suchte“, hatte sie während des Prozesses ausgesagt.

Und dann soll er mit der ermordeten Ines Walther mal liiert gewesen sein. Im Januar 1993, also im Tatzeitraum, lebte sie längst mit einem anderen Mann zusammen. Dieser Umstand soll Vincent Meerbusch nicht daran gehindert haben, sie weiterhin zu besuchen. Sollte er also der Täter gewesen sein, wäre es bei dem Mord dann wohl eher um Ines Walther und ihren neuen Freund gegangen. Ob das tatsächlich Heiko Schuster war, ist völlig unklar. Verdächtig war in den Augen von Kramers Verteidiger auch folgender Umstand: Meerbusch besaß, wie Kramer, damals einen Wartburg. Und ein solches Fahrzeug ist bekanntermaßen in der Tatnacht vor dem ehemaligen Wohnheim gesichtet worden. So weit die Gemeinsamkeiten. Allerdings wurde in einem der beiden Fahrzeuge ein wichtiges Beweismittel entdeckt: eine Patronenhülse. Diese fanden die Ermittler in Kramers Wartburg. Und sie war mit denen am Tatort identisch. Klare Sache also.

Meerbuschs Täterschaft war nicht sehr wahrscheinlich. Das hartnäckige Gerücht, Meerbusch habe von Kramer mal ein Gewehr gekauft, änderte daran nichts. Auch wenn sein Alibi ziemlich nebulös war. Meerbusch war aus dem Schneider.

Anders dagegen Jürgen Kramer. Nicht nur mit Spekulationen und Gerüchten, sondern mit handfesten Beweisen und belastenden Zeugenaussagen wurde er konfrontiert und stand längst mit dem Rücken zur Wand.

Zweifel an der Schuld des Angeklagten wollte einfach nicht aufkommen.

Nur ein vermeintlicher Trumpf war Kramer jetzt noch geblieben: sein beharrliches Schweigen. Für eine Aussage gab es von seinem Anwalt noch immer kein grünes Licht. Obwohl Kramers Weigerung, zu den Vorwürfen Stellung zu nehmen, ihm langsam auf die Füße fiel.

Der Prozess hat längst gezeigt, wer der Täter ist. Aus der vagen Situation am Anfang hatte sich ein klares Bild zusammengefügt. Es nützte nichts, weiterhin auf andere zu zeigen oder noch länger zu schweigen. Nur ein Geständnis konnte Kramer vielleicht noch etwas nützen.

Der Richter versuchte, ihm das begreiflich zu machen, und schilderte, wie sich die Tat für ihn darstellte.

„Als Motiv für den Mord an dem 32-jährigen Mann könnte Eifersucht vorgelegen haben. Der Beweggrund, die beiden anderen Personen zu töten, könnte darauf beruhen, sie als lästige Zeugen zu beseitigen", sagte der Richter und schaute den Angeklagten vielsagend an. Na, wie findest du das, und weißt du auch, was das für dich bedeutet?

Mord aus Eifersucht ist ein niederer Beweggrund und das Beseitigen von Zeugen ist das Verdecken einer Straftat. Beides sind Mordmerkmale. Der Angeklagte riskierte ohne Aussage also, wegen dreifachen Mordes verurteilt zu werden. Das würde bedeuten: lebenslänglich.

Aber was würde eine Aussage, also ein Geständnis, daran ändern? Sollte das Gericht zu der Einschätzung kommen, er habe im Affekt gehandelt, könnte sich das strafmildernd für ihn auswirken. Denn seine Schuldfähigkeit könnte durchaus vermindert gewesen sein. Ein psychiatrisches Gutachten hat Kramer nämlich einige Handicaps attestiert. Zum einen gebe es Hinweise auf eine Alkoholkrankheit. Zudem hatte die Gutachterin bei ihm „schwere seelische Abartigkeiten und hirnorganische Störungen" erkannt. Das alles war nicht von Pappe.

Doch solange er die Tatnacht nicht aus seiner Sicht geschildert hatte, könne man nicht sagen, ob er aus einem Affekt heraus gehandelt habe oder nicht, gab ihm die Psychiaterin zu verstehen.

Schließlich ließ ihn sein Anwalt doch noch seine Aussage machen. Kramer hatte nichts mehr zu verlieren und gab ein Statement ab. „Ich habe sie aber im Affekt getötet. Ich habe es nicht aus Wut oder Rache getan", beendete er seine Erklärung, die in den Augen des Gerichts vor allem eins war: unglaubwürdig. Mit dem gewalttätigen Streit hatte sich die Angelegenheit für Kramer noch längst nicht erledigt. Im Gegenteil. Er war eifersüchtig auf Schuster, und beschloss zu Hause, das Problem noch in dieser Nacht „endgültig" aus der Welt schaffen. Nahm er aus diesem Grund die Waffe mit oder hatte er die immer dabei? Jedenfalls fuhr er in besagter Nacht mit seinem Wartburg nochmals in den „Aspehof". Nachdem der ziemlich betrunkene Heiko Schuster ihn mit einer gelallten Bemerkung provoziert hatte, schlug Kramer nicht zu wie beim ersten Mal. Er zog seine Waffe und schoss Schuster in den Kopf. Jetzt gab es aber zwei, wenn auch ziemlich betrunkene Zeugen für den Mord! Diese beseitigte er mit zwei weiteren gezielten Kopfschüssen. Er zögerte keinen Augenblick. Das alles dauerte nur wenige Minuten. Dann war Kramer wieder verschwunden.

Verurteilt wurde der Schwerverbrecher nun wegen Mordes und Totschlags zu vierzehn Jahren Haft. Der Staatsanwalt hatte fünfzehn Jahre Gefängnis gefordert und der Verteidiger Freispruch. Bevor Kramer seine Haftstrafe antreten sollte, musste er zu einer Entziehungskur. Wegen seiner Alkoholabhängigkeit hatte er tatsächlich mildernde Umstände bekommen.

WAND AN WAND MIT EINER LEICHE

Es war noch dunkel an diesem kalten Februarmorgen im Jahr 1994. Die Mariannenstraße im Leipziger Osten schien auf den ersten Blick ein guter Ort zu sein, um das Auto endlich loszuwerden, ein für alle Mal. Er wollte damit nicht länger umherfahren. Ansonsten erwischten sie ihn tatsächlich noch. Die letzten Wochen hatten gereicht. Es war für ihn der blanke Nervenkrieg gewesen.

In dem mehr als einen Kilometer langen maroden Straßenzug im Schatten der Eisenbahnstraße fiel das Fahrzeug nicht weiter auf. Es war fast so, als hätte er es inmitten von Ruinen versenkt, dabei stand es nur am Straßenrand vor einem unbewohnten, fensterlosen Haus, von dem die Fassade abgebröckelt auf dem leicht gefrorenen Fußweg lag. Von diesen verfallenen Häusern gab es zu Beginn der Neunzigerjahre noch viele. Er nahm seine Habseligkeiten vom Beifahrersitz, stieg aus und schloss das Auto ab. In den Kofferraum sah er nicht mehr. Den Schlüssel warf er in eins der Abrisshäuser durch das herausgebrochene Fenster.

So, dachte er, damit habe ich jetzt nichts mehr zu tun.

Seine Lage war prekär. Der Mann hatte kein Dach über dem Kopf und auch kein Geld in der Tasche. Aber er hatte einen Plan. Er wusste genau, was er als Nächstes tun würde, was er tun müsste, um über die Runden zu kommen.

Ohne Hast ging er die Straße nach Osten, Richtung Torgauer Platz,

Im Kofferraum eines abgestellten Pkw Trabant lag 1994 mehrere Monate unentdeckt eine Leiche

bog aber schon nach ein paar Metern in die Hermann-Liebmann-Straße Richtung Rabet ein. Ab dieser, ebenfalls baufälligen, Straßenecke verlor sich vorerst seine Spur.

Robert Grießmer wollte immer hoch hinaus. Vielleicht war er ja aus diesem Grund Dachdecker geworden. Aber dann ist er abgestürzt, also nicht vom Dach, aber im Leben. Für ein Raubdelikt wurde er noch zu DDR-Zeiten zu sieben Jahre Gefängnis verurteilt. Zum Ende seiner Haftstrafe starteten auch für ihn Resozialisierungsmaßnahmen, die ihn auf eine Zeit nach dem Gefängnis vorbereiten sollten. Er beantragte Hafturlaub, der ihm auch gewährt wurde. Damit bekam er die Möglichkeit, außerhalb der Gefängnismauern soziale Kontakte zu knüpfen, eventuell einen Job zu finden. Die Anstaltsleitung ging offenbar nicht davon aus, dass er die limitierte Zeit in Freiheit für weitere Straftaten nutzen würde. Sie war auch überzeugt davon, dass er pünktlich wieder zurück im Gefängnis sein würde. Das war 1990. Er war mittlerweile Ende zwanzig. Zum ersten Mal nach der Wende durfte er ein paar Tage aus dem Gefängnis.

In diesem Hafturlaub lernte er Miriam Hofner kennen. Die junge Frau, sie war Anfang zwanzig, kam zwar nicht von einem anderen Stern, aber doch aus einer Welt, die für Robert Grießmer bis dahin vollkommen fremd war.

Er, der Dachdecker und Häftling, lernte eine Buchhändlerin kennen.

Mit Lesen und Idealen hatte es Robert aber nicht so. Was ja nicht verboten war. Vielleicht konnten sich beide ergänzen oder voneinander lernen? Das war zugegebenermaßen eine sehr idealistisch anmutende Vorstellung und in Bezug auf Grießmers kriminelle Energie nicht unbedingt wünschenswert.

Menschen, die auf die schiefe Bahn geraten waren und trotzdem einen guten Kern hatten, kannte sie sicherlich aus der Literatur. Und nun stand so einer leibhaftig vor ihr. Sie war offenbar Feuer und Flamme für den Häftling und bereit für ein Abenteuer mit ihm.

Und auch Grießmer war in die junge Frau verliebt. Ein paar Tage blieben ihm noch mit Miriam und in Freiheit. Doch dann kam unweigerlich der Tag, an dem der Hafturlaub zu Ende ging und Grießmer wieder zurück ins Gefängnis musste. Doch der Mann sträubte sich. Er wollte bei seiner neuen Freundin bleiben und traf eine fatale Entscheidung, die er schon am nächsten Tag nicht mehr rückgängig machen konnte.

Er kehrte nicht ins Gefängnis zurück, sondern tauchte in eine illegale Existenz ab. Und Miriam? Hatte Robert nun als Klotz am Bein! Ob ihr das zu diesem Zeitpunkt bereits klar gewesen war?

Anfangs fühlte sich die neue, unter diesen Umständen verbotene Zweisamkeit für beide noch gut an. So ein bisschen wie Bonnie und Clyde: unzertrennlich, auch unter widrigen Umständen. Traf das nicht auch auf sie beide zu? Vielleicht erzählte Miriam ihrem neuen Freund von dem berühmten Gangsterpärchen. Es gab ja einige Bücher über das amerikanische Verbrecherduo, das gemeinsam untergegangen war. Na ja, das war lange her und so weit musste es ja nicht kommen.

So hätte es bleiben können, gern für immer.

Doch die Polizei fahndete bereits nach Robert Grießmer.

Er war sich dessen durchaus bewusst. Und es dürfte nicht lange gedauert haben, bis er seine Entscheidung bereute. Denn der Druck auf ihn wuchs. Die Angst, von der Polizei gefasst zu werden, machte sich in ihm breit, verdrängte alles andere – und veränderte ihn. Vor allem Miriam Hofner bekam das zu spüren. Sie war im

Grunde seine einzige Bezugsperson. Sie wusste, dass er ein gesuchter Verbrecher war. Zu wem hatte er sonst noch Kontakt?
Was, wenn sie mit Freunden und Bekannten über ihn sprach oder wenn sie eines Tages von ihm genug haben würde und einfach zur Polizei ging? Sie saß am längeren Hebel und er wusste das.
Der Mann, der längst wieder im Gefängnis sitzen müsste, ertränkte seine Angst in Alkohol. Und wenn er genug getrunken hatte und seine Sinne vernebelt waren, fielen seine Hemmungen und er schlug auf Miriam ein.
Miriam Hofner hatte ihre Entscheidung, mit dem entflohenen Grießmer zusammenzuleben, wahrscheinlich längst bereut.
Für eine geregelte Arbeit, mit Lohnsteuerkarte und allem, konnte er sich nirgendwo bewerben. Seine Lohnsteuerkarte befand sich im Aktenschrank der Haftanstalt. Falls er je eine Arbeit gesucht und gefunden haben sollte, dann in der Art eines Tagelöhners: mal hier, mal da ein paar Handreichungen, immer ohne Papiere und das Geld bar auf die Hand. Zum Leben wird das nicht gereicht haben.
Aber wahrscheinlicher war, dass er in Geldangelegenheiten auf Miriam setzte. Sie arbeitete nach wie vor als Buchhändlerin in Leipzig und hatte einige Tausend Mark gespart. Die Frau besaß ein Fahrzeug, Typ Trabant.
Wenn Robert Grießmer etwas benötigte – Lebensmittel, Alkohol, Klamotten und so weiter – kaufte er das von Miriam Hofners Geld. Der Mann kaufte und machte, was er wollte, und seine Freundin verzieh ihm das immer wieder, obwohl ihre Spareinlagen merklich schrumpften. Außerdem brachte er seine Freundin in die Bredouille, indem er ständig ihr Konto überzog.
Ihre Eltern lebten getrennt, doch was ihre Tochter betraf, sprachen sie sich ab und handelten gemeinsam. Sie waren entsetzt darüber,

mit wem sich ihre Tochter eingelassen hatte. Sie wussten, was Grießmer sich in der Beziehung mit ihrer Miriam herausnahm und dass sie sich von ihm ausnutzen ließ. Aber wussten sie auch, dass der Mann an der Seite ihrer Tochter ein getürmter Häftling war?

Wenn ja, wäre es eigentlich ein Leichtes für sie gewesen, den Mann zurück in den Knast zu befördern. Ein Anruf bei der Polizei hätte genügt.

Doch vielleicht sagten sie sich: Irgendwann käme er frei und dann könnte er sich rächen!

Oder vielleicht waren sie nicht ängstlich, sondern respektierten einfach nur den Wunsch ihrer Tochter. Denn mit derselben Hartnäckigkeit, wie ihre Eltern die Trennung forderten, verteidigte die junge Frau ihre Beziehung.

Doch irgendwann fiel der berühmte Tropfen in das Fass, der es zum Überlaufen brachte. Grießmer hatte die Dreistigkeit besessen, sich auf ihren Namen und natürlich ihre Kosten ein Fahrzeug zu mieten. Er fuhr leihweise einen Mercedes – wenn schon, dann was Ordentliches! Mal was anderes, als im Trabbi über die Straßen zu zuckeln, mag er gedacht haben. Das Risiko, im Straßenverkehr von der Polizei angehalten und kontrolliert zu werden, hielt er offenbar für überschaubar.

Als sie davon erfuhr und die Rechnung sah, war es mit ihrer Geduld und Gutmütigkeit abrupt zu Ende. Im August 1993 trennte sich Miriam Hofner von ihm und zog zu ihrem Vater nach Erfurt. So lange hatte die Verbindung mit Grießmer immerhin gehalten, etwa drei Jahre. Und so lange war der Sträfling erfolgreich untergetaucht und versorgt gewesen. Miriam Hofner hatte in der Zeit etwa 20.000 Mark für ihn ausgegeben, die sie nun wiederhaben wollte.

Für ihn war das ein riesiges Problem. Ein anderes, auch nicht kleiner, war: Wie sollte es mit ihm weitergehen? Gesucht von der Polizei, ohne Einkommen und ohne ein Dach über dem Kopf. Er war schutzlos, geächtet und gewissermaßen vogelfrei.

Der Parasit wurde vor die Tür gesetzt und musste sich ein anderes Opfer suchen. Ob er noch mal jemanden finden würde, bei dem er so lange und bequem untertauchen konnte wie bei Miriam Hofner? Wohl kaum, auf jeden Fall würde das schwierig werden.

In der Zeit nach der Trennung wäre er froh gewesen, wenn er mal eine Woche am Stück irgendwo bleiben durfte. Er konnte nicht wählerisch sein.

Und dann kam der 19. Januar 1994.

Etwa fünf Monate waren die beiden jetzt getrennt. Vielleicht hatte Miriam Hofner ihrem Ex-Freund bezüglich des Geldes ein Ultimatum gesetzt und das lief bald aus. Er wollte nun noch mal mit ihr reden, damit sie ihm die Schulden ganz oder teilweise erließ oder ihm wenigstens das Ultimatum verlängerte. Denn er hatte keinen blassen Schimmer, wo er 20.000 Mark herbekommen sollte. Hatte sie ihm andernfalls mit der Polizei gedroht?

Oder vielleicht hatte er die Hoffnung noch nicht aufgegeben und wäre gern wieder mit ihr zusammengezogen, auf ihre Kosten dann wieder. Es würde bei ihr bequem und gemütlich sein und die Schulden hätten sich erst einmal erledigt. Die letzten Monate waren für ihn wirklich hart und kalt gewesen.

Und nun reiste er an diesem Tag mit einem riesigen Rucksack voller Versprechen und angeblichen Läuterungen zu Miriam Hofner von Leipzig nach Erfurt.

Allerdings empfing sie ihn nicht mit offenen Armen. Der Empfang war schroff und kälter als dieser Januartag.

„Was willst du denn hier? Es gibt nichts mehr zu sagen!“, wies sie ihn ab und erinnerte ihn: „Du schuldest mir viel Geld!“

Er ging darauf hin und setzte sich mit zwei Flaschen Schnaps in den Stadtpark, die er im Laufe des Tages leer soff. Er blieb bis zum Abend.
Hatten sie sich hier verabredet? Bei der Abfuhr an der Wohnungstür schwer vorstellbar.
Oder wollte er nicht einfach unverrichteter Dinge abreisen und rief vom öffentlichen Fernsprecher noch mal bei ihr an?
Versuchte er ein allerletztes Mal, ihre gutmütige Saite zum Klingen zu bringen und sie wieder einmal auszunutzen?
Er wusste, wie das bei ihr funktionierte, welche „Knöpfe" er „drücken" müsste. So war er drei Jahre über die Runden gekommen.
Er sagte ihr einfach, dass er nun ein Auto klauen würde, um wieder nach Hause zu fahren, so besoffen wie er war.
Sie konnte es sich gut vorstellen, wie er ein Auto aufbrach, sich mühsam auf den Sitz plumpsen ließ und dann in Schlängellinien durch die Winternacht mäanderte oder irgendwo dagegen fuhr: Fahrzeug, Laternenmast oder Häuserwand. Und schon hätte ihn die Polizei am Wickel und würde ihn einbuchten. Oder er würde sich bei einem Unfall verletzen, womöglich schwer – nicht auszudenken! Und sie hätte es verhindern können!
Gutmütig, vielleicht von Schuldgefühlen geplagt oder ihm doch irgendwie verfallen, machte sie ihm einen verhängnisvollen Vorschlag.
Sie bot ihm an, ihn nach Hause zu fahren.
Hatte er es genau darauf angelegt? War sie für ihn so berechenbar? Wobei es Miriam Hofner eigentlich egal sein konnte, wie er wieder nach Hause kam. Es war einzig und allein sein Problem. Sie hatte ihn nicht eingeladen. Er war für das, was er tat oder unterließ, selbst verantwortlich. Außerdem waren sie nicht mehr zusammen.

Auf jeden Fall holte sie ihn am Abend am Stadtpark ab. Er stieg völlig durchgefroren und ziemlich betrunken zu ihr ins Auto. Kurz vor der Autobahn tankte sie das Fahrzeug voll. Dann ging es los, zunächst Richtung Hermsdorfer Kreuz und dann sollte es nach Norden gehen, Richtung Schkeuditzer Kreuz.
Es war zu so später Stunde nicht viel los auf der Autobahn. Während das ungleiche Paar durch die kalte Winternacht fuhr, brannte Robert Grießmer eigentlich nur noch ein Thema unter den Nägeln: die 20.000 Mark Schulden, die er bei seiner Ex-Freundin hatte. Darüber wollte er mit ihr reden. Und dabei ist es zu einem heftigen Streit gekommen. Sie beharrte darauf, dass er ihr das Geld vollständig zurückzahlen sollte. Und neues Geld? – Gab es schon gar nicht! So hart kannte er sie nicht. Das konnte doch nicht wahr sein!, dachte er. Der Alkohol feuerte seine Wut an.
Diese gefährliche Konstellation, wenn er wütend und betrunken war, kannte sie von ihm. Dann hatte er oft zugeschlagen. Das wird er doch wohl jetzt nicht tun, während ich am Steuer sitze und ihn nach Hause fahre?, dachte sie und war doch beängstigt.
Denn seine Wut war auch mit der Dringlichkeit seines Problems gewachsen.

An das Verbrechen selbst konnte sich Grießmer später gar nicht mehr so richtig erinnern. Das behauptete er jedenfalls. Nach seinem Dafürhalten legte er seiner Ex-Freundin „eine Kordel" um den Hals und zog zu.
Den Spuren nach, welche die Ermittler später fanden, war die Tat aber anders abgelaufen. Fakt war nur: Er hatte sie erdrosselt.
Ihre Eltern sagten später: „Sie war sich wohl sicher, dass er ihr nichts antun kann." Dass er sie noch immer so sehr liebte. Ansonsten hätte sie ihn niemals mit dem Auto mitgenommen.

Doch zumindest für diesen einen Moment hatte die Garantie versagt.
Während der Fahrt wird er sie kaum getötet haben. Ein Unfall bei Nacht, Dunkelheit und Glätte wäre dann unvermeidbar gewesen. Einen Unfall hatte es aber nicht gegeben. Das Fahrzeug war intakt geblieben.
Die Frau hatte das Auto wahrscheinlich angehalten, als der Streit eskalierte. Beides wäre gleichzeitig kaum möglich gewesen: durch die Dunkelheit zu fahren und sich hochemotional zu streiten.
Miriam Hofner hat das Fahrzeug auf einen Seitenstreifen oder auf einen der vielen kleinen unbeleuchteten Parkplätze gelenkt, die es damals gab. Und dann passiert der Mord, von einer Ortschaft weit entfernt, inmitten eisiger Dunkelheit.
Grießmer war ausgestiegen, die Tote saß zusammengesunken auf dem Fahrersitz. Es hatte begonnen zu schneien. Schwer zu sagen, was er gedacht hat, ob er überhaupt etwas gedacht hat. Vielleicht war er entsetzt.
Jedenfalls hatte er jetzt ein Auto mit einer Leiche am Steuer.
Was sollte er mit ihr tun?
Das, was alle Mörder tun: Die Leiche so schnell wie möglich loswerden, jede Verbindung zu ihr kappen, am besten vergraben? Und zwar hier auf der Stelle? Konkret würde das bedeuten: sie aus dem Auto holen, ein paar Hundert Meter durch das angrenzende Terrain schleifen oder über die Schulter gelegt tragen und dann vergraben. Am besten irgendwo im Wald oder unter einem Busch. Sie sollte am besten vom Erdboden verschwinden, sich in Luft auflösen, das wäre ideal, aber unmöglich. Halbwegs geeignetes Werkzeug, um die leicht gefrorene Erde aufzubrechen, würde sich finden. Notfalls könnte man die Tote auch in eine Senke legen und sie

mit Reisig zudecken. Und wenn hungrige Tiere kämen, wäre das umso besser.

Doch dieser Mörder schien anders zu sein.

Er konnte sich von seiner toten Ex-Freundin nicht trennen.

„Ich konnte sie nicht einfach verscharren. Es war schon zu viel, sie zu töten", würde er später sagen.

Deshalb zog er die Tote vom Fahrersitz und legte sie in den Kofferraum.

Dann setzte er sich ans Steuer und fuhr los. Doch wohin sollte er fahren? Nach Leipzig besser nicht.

In den nächsten Wochen fuhr Grießmer kreuz und quer durch die Republik, ohne Ziel, immer auf der Flucht. Mal Autobahn, mal Landstraße. Er war der festen Ansicht, würde er später behaupten, dass die Polizei ihn irgendwann kontrollieren und festnehmen würde. Doch es passierte einfach nicht. Und um sich zu stellen, dafür fehlte ihm der Mut.

Woher nahm er das Geld für die lange Odyssee? Er musste schließlich tanken und brauchte Lebensmittel. Eine Unterkunft brauchte er nicht. Er schlief im Auto, oft auf der Rückbank, Wand an Wand mit der Leiche. Aufgrund der anhaltenden Kälte verweste sie kaum und entwickelte den typischen Verwesungsgeruch nur minimal. Und der schien ihn nicht zu stören.

Miriam Hofner hatte Geld und ein Scheckheft dabeigehabt. Er lebte wahrscheinlich weiterhin auf ihre Kosten. Und er musste nichts zurückzahlen, am wenigsten die 20.000 Mark aus den vergangenen drei Jahren.

Vielleicht hatte er noch einige Male daran gedacht, sich seiner toten Ex-Freundin zu entledigen. Möglichkeiten gab es viele: tiefe, undurchdringliche Wälder, unergründliche Seen, Gebirge und

Felsspalten, Ebbe und Flut, alles Mögliche. Doch er nutzte keine davon.

Letztlich entschied er sich dafür, die Leiche auf eine eher halbherzige Art loszuwerden. Er fuhr nach Leipzig, wo er sich auskannte, und stellte Miriam Hofners Auto mit ihrer Leiche im Kofferraum in der Mariannenstraße ab und verschwand.

Etwa ein halbes Jahr stand das Auto hier am Straßenrand. Es war eines Tages einfach aufgetaucht. Niemandem schien es zu gehören. Niemand stieg ein und fuhr damit fort. Es war schon ganz verdreckt: Laub, Taubenkot, Regenspuren, Zweige von den Straßenbäumen. Vielleicht hatte einer der Reifen einen Platten. Die Leiche im Kofferraum stank nicht mehr. Das Auto schien herrenlos zu sein. Spielende Kinder begannen sich dafür zu interessieren. Sie sahen durch die Scheiben ins Innere, rüttelten an den Türen. Nach einiger Zeit sprang die erste Tür tatsächlich auf, die zweite war jetzt nur noch ein Kinderspiel. Die Kids sahen sich in dem Auto um, durchstöberten die Seitenfächer, das Handschuhfach und nahmen ein paar Dinge mit, die sie für brauchbar hielten. An den Kofferraum kamen sie offenbar nicht heran. Der blieb verschlossen. Und so verloren sie das Interesse an dem Fahrzeug bald wieder.

Im Juli 1994 schlenderten zwei Streifenpolizisten die Mariannenstraße entlang und an dem Trabant vorbei. Da beide Türen lediglich angelehnt waren, wurden nun sie neugierig. Sie sahen ins Wageninnere und hatten, anders als die Kinder, Möglichkeiten, auch den Kofferraum zu öffnen. Als die Klappe hochsprang und die mumifizierte Leiche von Miriam Hofner zum Vorschein kam, blieben sie geschockt stehen und starrten auf den in den engen Kofferraum gequetschten Körper der 25-jährigen Frau. Ein solcher Fund gehörte nicht zu den Ereignissen, mit denen sie es normalerweise zu hatten.

Die Leipziger Mordermittler übernahmen den Fall.
Die Todesursache ließ sich eindeutig klären. Die Frau wurde mit ihrem Halstuch, das sie aus Schutz vor der winterlichen Kälte getragen hatte, erwürgt. Auch im mumifizierten Zustand war das Tuch noch fest um den Hals, tief in die mittlerweile ausgetrocknete Haut gezogen. So fest hatte Grießmer sie gedrosselt.
Konnte die Identität der Toten über das Autokennzeichen geklärt werden? Oder hatte Grießmer diese eventuell verschwinden lassen?
Die Frage war, welche Spuren die Ermittler außerdem fanden. Gab es bereits Hinweise auf den Täter? Fingerabdrücke beispielsweise?
Bei seiner allerersten Festnahme wegen Raubes war Grießmer natürlich auch erkennungsdienstlich behandelt worden. Es gab Fotos von ihm, eine Personenbeschreibung, auffällige Merkmale und so weiter. Auch Fingerabdrücke gehörten zum Standard und wurden archiviert.
Da er wochenlang in dem Auto gelebt hatte, müsste er da nicht irgendwo seine Fingerabdrücke hinterlassen haben, obwohl Kinder das Fahrzeug durchsucht und dabei vorhandene Spuren verwischt hatten?
Am Kofferraum waren die Kinder nicht gewesen. Dort hatte nur Grießmer das Auto angefasst.
War es der Polizei gelungen, die Spuren zu sichern und zuzuordnen?
Anfang der Neunzigerjahre war das noch ein signifikant schwierigeres Unterfangen als heute, weil die Digitalisierung dieser Daten und vor allem der Vergleichsdaten, die in diesem Fall aus Vorwendezeiten stammten, gerade erst begonnen hatte. Diese wichtigen Informationen schlummerten noch nicht schnell abrufbereit in

den Datenbanken. Die damalige Methode war notgedrungen umständlicher und zeitaufwendiger. Erst wenn Ermittler einen Verdächtigen ermittelt hatten, ließen sich dessen Fingerabdrücke mit dem gesicherten Material vom Tatort vergleichen. Das hieß in diesem Fall, erst wenn Grießmer der Tat verdächtigt und die Polizei seiner habhaft wurde, konnten seine Fingerabdrücke mit den aus dem Trabant gesicherten verglichen werden. Anders war ein Abgleich des Materials seinerzeit kaum möglich. Die digitalen Datenbanken wurden gerade erst aufgebaut.
Ähnlich verhielt es sich mit Faserresten, Haarproben, DNA.
Ob Miriam Hofners Eltern gewusst haben, dass der Ex-Freund ihrer Tochter ein gesuchter Sträfling war? Ob sie seinen vollständigen Namen kannten?
Die Ermittler hielten den Leichenfund „aus ermittlungstaktischen Gründen" jedenfalls geheim.
Und es gab auch keine öffentliche Fahndung nach einem Verdächtigen mit Bild und Personenbeschreibung.
Aber hatten sie vielleicht doch einen Verdacht, und wer könnte es außer Grießmer gewesen sein?
Sollte er vielleicht glauben, dass der Mord noch nicht entdeckt worden war, und sich sicher fühlen? Die Gefahr, dass der enttarnte und gewarnte Täter sich in unerreichbare Gefilde absetzen würde, war groß. Falls er das nicht schon längst getan hatte. Für ihn gab es nichts mehr zu verlieren.
Das Risiko bestand natürlich.
Obwohl: Grießmer hätte jederzeit durch die Mariannenstraße schlendern und nachsehen können, ob der Trabbi noch da war. Vielleicht hatte er es ja tatsächlich getan und war dann geschockt, als der Trabbi verschwunden war?

Wie dem auch sei. Seit Jahren war der Mann erfolgreich untergetaucht, aber jetzt war er möglichweise ganz in der Nähe, vermutete die Polizei. In greifbarer Nähe.
Und der nach außen hin sehr ruhig erscheinende Mann hatte bewiesen, dass er gefährlich war, für seine Opfer lebensgefährlich.

Zu jener Stunde, als Grießmer an diesem kalten Februarmorgen 1994 von der Mariannenstraße auf die Hermann-Liebmann-Straße einbog, begann so langsam der morgendliche Berufsverkehr. Allerdings war ihm das ziemlich egal. Alltag und Normalität rauschten an ihm vorbei, existierten für ihn nicht. Er war da nicht eingebunden. Ein Zeitgefühl war ihm mittlerweile abhandengekommen. Er war auf ganz andere Probleme fixiert. Wohin er an diesem Morgen unterwegs war, blieb sein Geheimnis. Sicher war, dass er in der Großstadt untertauchte. Er war jetzt Anfang dreißig und es gab viele junge, alleinstehende Frauen in der Stadt …
Er lernte in der Folgezeit nacheinander einige von ihnen kennen und zog dann eine Zeit lang bei ihnen ein. An einer richtigen Partnerschaft mit Zukunft war er aus naheliegenden Gründen nicht interessiert. Er war nach wie vor auf der Flucht und hatte eine ganz andere Perspektive. Eine Partnerschaft war für ihn ein Mittel zum Zweck, um bequem irgendwo unterzukommen. Er lernte nur jemanden kennen, damit er auf dessen Kosten leben und seine Wirte letztlich besser bestehlen konnte, wie er später einräumte. Sobald er mit seinem Opfer zusammenlebte, wusste er, was da so zu holen war. Vor allem war er an Geld interessiert. Und dann bediente er sich, wie er es schon bei der Buchhändlerin getan hatte. Protestieren war möglich, aber vollkommen zwecklos. Und er hatte ein Alkoholproblem. War er betrunken, machten die Frauen mit

seiner aggressiven Seite Bekanntschaft. Er würgte und schlug sie, wie bereits Miriam Hofner. Im Gegensatz zu ihr sind diese Opfer am Leben geblieben.

Dass er ein Mörder war, blieb natürlich sein Geheimnis.

Der Mord an Miriam Hofner verschärfte seine Situation noch einmal.

Er wusste nicht, ob die Polizei ihm auch wegen des Mordes bereits auf den Fersen war oder nicht. Es war wohl das Beste, ein für alle Mal abzutauchen, mag er gedacht haben. Aber dafür brauchte er Geld, viel Geld. Das er nicht hatte. Aber er kannte da jemanden mit üppigen Ersparnissen …

Doch dieses Mal ging der Raub schief. Er wurde angezeigt. Im Oktober 1994 verurteilte ihn ein Richter deswegen zu einer Haftstrafe von siebeneinhalb Jahren.

Aber was war mit dem Mord an Miriam Hofner? Hatte die Polizei noch immer keine Spur? Sollte er mit dieser Tat davonkommen?

Nein, sollte er nicht. Die Ermittler hatten längst eine Verbindung zwischen ihr und ihrem Ex-Freund Robert Grießmer hergestellt. Ende 1994 gestand er den Mord. Sehr wahrscheinlich, dass neben der gesamten Vorgeschichte auch seine Spuren aus dem Trabant, vor allem seine Fingerabdrücke im Kofferraum, beim Geständnis eine wichtige Rolle gespielt haben, zwar nicht als direkter Beweis, aber als wichtiges, vielleicht sogar entscheidendes Indiz. Denn einfach so gestand Grießmer keinen Mord. Für einen solchen Schritt brauchten Verbrecher ohne Reue gewichtige Gründe. Zumindest sein Anwalt wusste, wann ein Geständnis vorteilhafter war, als die Tat noch länger zu leugnen. Nämlich dann, wenn die Indizien erdrückend waren und ein Leugnen sich strafverschärfend aufs Urteil auswirken würde.

In Untersuchungshaft musste er nicht genommen werden. Er saß

ja bereits in Haft und war für die Ermittler immer erreichbar. Der Mordprozess gegen ihn begann knapp ein Jahr nach seinem Geständnis, am 16. November 1995, wurde aber gleich nach dem ersten Prozesstag ausgesetzt.
Ein Gutachten sollte Klarheit über Grießmer psychische Gesundheit bringen. Dabei ging es nicht nur um seine Alkoholabhängigkeit, sondern vor allem um sein auffälliges Verhalten nach der Tat, seine wochenlange Flucht mit der Leiche im Kofferraum und der seltsamen Zweisamkeit Wand an Wand … War der Mann überhaupt zurechnungsfähig?

Ende August 1996 startete der Prozess am Landgericht Leipzig neu.
Die Anklage lautete auf Mord aus Habgier. Sie hielt ihm vor, Miriam Hofner genau aus diesem Grund getötet zu haben. Er wollte das Geld nicht zurückzahlen, sondern behalten. Um nichts anderes sei es ihm an jenem verhängnisvollen Abend gegangen.
Der Angeklagte bestritt jede Habgier, er habe nur mit ihr reden wollen.
Der Gutachter bescheinigte dem mittlerweile 32-jährigen Grießmer gleich zu Beginn eine volle Zurechnungsfähigkeit. Auffällig sei die Diskrepanz zwischen seiner zurückhaltenden Art und der Brutalität seiner Tat. Den Unterschied hatten zwei Flaschen Schnaps bewirkt. Der Verteidiger versuchte deshalb, wegen Trunkenheit eine verminderte Schuldfähigkeit geltend zu machen. Auch Mordmerkmale und Habgier könne er nicht erkennen und forderte fünfzehn Jahre wegen Totschlags.
Der Richter war anderer Meinung und verurteilte Grießmer wegen Mordes aus Habgier und Raub mit Todesfolge zu einer lebenslangen Freiheitsstrafe.

Allerdings fand auch der Richter, dass Grießmer nicht beabsichtigt hatte, die Frau zu töten. Er sprach von einer „Situationstat". Es habe sich eben einfach ergeben.
Trotzdem.

STILLE SCHÜSSE IN DER NACHT

Der Kontrast rund um den Lindenauer Markt hätte kaum größer sein können: Den Häusern war der jahrzehntelange Verfall deutlich anzusehen. Die Fassaden bröckelten, waren manchmal eingestürzt und von undefinierbarem Anstrich, der wohl am ehesten der facettenreichen Erd- und Schattenfarbe Umbra entsprach. In den Häusern hielten sich dunkelweiße Fensterrahmen, von denen hier und da der Fensterkitt fiel. Die gelockerten Fensterscheiben klirrten beim leisesten Windzug, manchmal fielen sie auf die Straße und zersplitterten. Quer über den Lindenauer Markt rumpelten Straßenbahnen, deren trübes Gelb ein bisschen an Krankenhäuser erinnerte. Die Tristesse stand bis hoch zu den Dächern und spiegelte einen langen stillen Untergang wider, der auch zu Beginn des Jahres 1992 noch nicht gestoppt war.

Andererseits prangte an jeder Straßenecke Reklame, die, wie aus einer anderen Welt, nicht so richtig hierher zu passen schien, manchmal aber auch wie ein Pflaster auf dem Putz wirkte. Die Plakate waren schrill, knallig bunt, die Farben eindeutig und nicht mit den Fassaden abgestimmt. Die Botschaften waren klar und wegweisend. Sie versprachen Glück, Geld, Gesundheit, gute Laune und ein zufriedenes Leben. Findige Leute stampften in den Wohngebieten Geschäfte aus dem Boden, in denen man alles Mögliche kaufen konnte: Lebensmittel, Kleidung, Telefone, Elektrogeräte,

Nichts deutet mehr auf die Ereignisse von 1992 hin

Autos, Einrichtungsgegenstände und mehr. Die Zeit der Mega-Einkaufszentren vor den Toren der Stadt, auf der grünen Wiese, die vor Einbruch und Diebstahl wie Festungen gesichert sein würden und den kleinen Läden mit der Zeit das Wasser abgraben sollten, war noch nicht gekommen, aber schon in Planung. Doch noch war es nicht so weit und die kleinen Geschäfte in den Wohnvierteln florierten. Überall entstanden kleine Goldgruben.

Ein Eldorado für Einbrecher. Die Läden waren schlecht gesichert. Na ja, die Türen ließen sich zwar mehrfach verriegelt, die Fenster waren manchmal vergittert. Das ja. Hier und da lauerte eine Kamera, die dann doch nur grobkörnige Bilder lieferte, wenn es darauf ankam. Das war es aber auch schon. Ein Schlupfloch fanden Einbrecher immer: die Hinter- oder Seitentür oder das Kellerfenster und dann half brachiale Gewalt. Einfaches Handwerkszeug reichte für einen Einbruch: Brechstange, Hammer, Schraubenzieher, multifunktionales Messer und so weiter. Dunkle, unauffällige Sachen, eventuell mit Kapuzen oder Mützen, hatte jeder im Kleiderschrank. Maskieren war auch kein Problem.

Wenn nachts die Einbrecher kamen, schlummerten die Tageseinnahmen längst sicher im Tresor einer Bank. In den Kassen lag höchstens Wechselgeld, das man sich zum Klimpern in die Hosentasche stecken konnte. Das war alles.

Doch die Läden waren vollgestopft mit heiß begehrter Ware, die man im Nu zu Geld machen konnte. Im nächtlichen Dunkel oder im schummrigen Licht einer Nachtbeleuchtung lagerten Jacken, Hosen, Haushaltsgeräte, Telefone und vieles andere.

Man brauchte sich nur zu bedienen, wenn man den entsprechenden „Schlüssel" besaß.

Einbrecherbanden schossen zu jener Zeit wie ungenießbare Pilze aus dem Boden. Es verging kaum ein Tag, ohne dass in den Medien ein Einbruch, ein Raub oder ein Überfall gemeldet wurde. Leipzig galt als Hauptstadt der Diebe.

April 1992

In der Demmeringstraße 32, einem Haus mit Klinkerfassade, nur ein paar Meter vom Lindenauer Markt entfernt, hatte eine dieser Banden im April 1992 einen Unterschlupf. Vier Männer und zwei Frauen gehörten ihr an. Hier lagerten sie das Diebesgut zwischen, das sie mit einem Lieferfahrzeug, eine wahre Klapperkiste und ächzende Rostlaube, transportierten. Weit unter dem tatsächlichen Wert wurden die geraubten Dinge wieder verkauft. Und davon lebten sie im Wesentlichen, von der Hand in den Mund.

„He, Wolfgang, was liegt als Nächstes an?“, wollte Maik, ein ehemaliger Bauschlosser wissen. Er lallte in bisschen und brauchte so schnell wie möglich neues Geld.

Der Angesprochene hatte in der Gruppe die Rolle des Planers übernommen und sorgte dafür, dass die räuberische Unternehmung immer neuen Schwung erhielt und sie zu Geld kamen, das ihnen eigentlich nicht gehörte. Sie lebten von dem, was sie nachts stahlen. Auch Scheckbetrug und kleinere Raubüberfälle gehörten zu ihrem Repertoire. Legale Einnahmequellen hatten sie nicht. Wie fast alle anderen in der Gruppe trank auch Wolfgang ziemlich viel Alkohol: den ganzen Tag billiges Bier zum Aufwärmen und irgendwann ging es dann mit Hochprozentigem weiter. Nur Conny lebte abstinent und hielt sich in jeder Hinsicht zurück. Sie war schwanger und dachte an ihr Kind.

„So ein Laden irgendwo am Adler hat gestern neue Kaffeemaschinen, elektrische Rührgeräte und so’n Zeug reinbekommen. Das wird weggehen wie warme Semmel. Wir sollten uns aber beeilen, wer zuerst kommt, malt zuerst. Gib Thomas, Udo und Tamara Bescheid. Conny natürlich nicht. Sie soll lieber schlafen, wegen ihrem Kind und so. Wir treffen uns heute Abend in der Kneipe am Eck, bringen den Alkoholpegel auf Arbeitslevel und dann geht es los." Er lachte. „Wie immer nicht zu zeitig. Nachts zwischen eins und zwei am besten. Da ist es in den Straßen totenstill!"

September 1994

Am Sonntag, den 4. September 1994, durchstreifte eine Pilzsammlerin den Ostrand des Zwenkauer Tagebaus und sammelte die Zutaten für eine zünftige Mahlzeit in ihren Korb. Es war gegen 17.30 Uhr, als sie an der Straße nach Großdeuben eine Entdeckung wie aus einem Horrorfilm machte. Eigentlich war es ihr Hund, der etwa fünfzig Meter in den aufgeforsteten Jungwald gerannt war und nun ganz aus dem Häuschen geriet. Er bellte aufgeregt und ununterbrochen. Die alarmierte Pilzsucherin folgte ihrem Hund, und als sie nah genug herangekommen war, sah die Frau, was den Vierbeiner derart aus der Fassung gebracht hatte. Aus der Erde ragte ein menschlicher Oberarmknochen. Es sah fast so aus, als wollte eine verbuddelte Gestalt auf sich aufmerksam machen, damit sie endlich gefunden würde. Hier, an diesem abgelegenen Ort. Die Pilzsucherin rief die Polizei, die um 18 Uhr eintraf und unter der Leitung von Kriminalhauptkommissar Hans Birkner vom Dezernat 11 der Leipziger Kripo mit den Ermittlungen begann. Von Anfang an war ein Gerichtsmediziner in den Fall involviert. Die Untersuchungen vor Ort dauerten bis tief in die Nacht. Nach Sonnenuntergang erleuchteten grelle Scheinwerfer den Fundort zwischen den noch dünnen Bäumchen. Kurz vor Mitternacht legten Kriminaltechniker eine eingewickelte Leiche frei. Das Grab war etwa achtzig Zentimeter tief. Der Tote wurde in die Gerichtsmedizin gebracht. Am Fundort dauerte die Spurensuche noch bis 1.30 Uhr.

Die Untersuchung der Leiche ergab folgendes Bild: Sie war männlich, leicht mit einem T-Shirt bekleidet und in einem schrecklichen Zustand. Eingewickelt war der etwa 25 bis 45 Jahre alte Mann in einen Fußbodenbelag, eine Art Kunststoff, der den Zerfall des Toten verzögert hatte. Er war nur teilweise verwest. Der Kopf des etwa 185 Zentimeter großen Mannes hatte drei Einschussstellen. In dem Schädel wurden Projektile entdeckt. Die Art und Weise, wie ihm die Schussverletzungen zugefügt worden waren, sprach für eine Hinrichtung. Ihm war gezielt in den Kopf geschossen worden. Die Füße des Unbekannten waren mit einem Leinentuch zusammengebunden. Der Tote lag etwa ein bis zwei Jahre in der Erde. Wind, Regen und wilde Tiere hatten den verschnürten Leichnam freigelegt, sodass er letztlich gefunden werden konnte.

Das Mordopfer wies einige Besonderheiten auf und die Kriminalisten waren guter Dinge, dass sie anhand dieser Merkmale seine Identität bald klären würden. Da war zum einen der Zahnstatus, den sie gesichert hatten. Man musste eigentlich nur den Zahnarzt des Toten ausfindig machen und schon wären Namen und Adresse bekannt. Vorausgesetzt, er hatte einen Zahnarzt gehabt, zu dem er regelmäßig gegangen war. Außerdem trug er um den Hals eine goldene Kette mit Löwenkopfanhänger. Vielleicht war Löwe ja sein Sternzeichen und dann wäre der Anhänger immerhin ein, wenn auch nur vager Hinweis auf seinen Geburtstag, zwischen dem 23. Juli und dem 23. August. Um das linke Handgelenk trug er eine Uhr der Marke „Citizen“ mit goldfarbenem Gliederarmband. Die war nicht gerade billig gewesen. Die auffälligste Besonderheit war eine sogenannte Siebenlochplatte im linken Unterschenkel. Sie be-

stand aus Silber. Der Mann musste vor ein paar Jahren vermutlich einen Sportunfall gehabt haben, der in einem Krankenhaus behandelt worden war. In der eingesetzten Platte gab es eine Stanzmarke: „MLW 119". War das vielleicht eine Seriennummer?
Die Kripo veröffentlichte einige Tage nach dem Leichenfund einen Zeugenaufruf in der Tagespresse. Da der Kopf fast vollständig skelettiert war, gab es kein Porträt. Aber vielleicht gelang dennoch der entscheidende Hinweis, der den Fall in kürzester Zeit lösen würde. Die Ausgangslage war eigentlich ganz gut, fanden die Kriminalisten.
Sie hofften auf sachdienliche Hinweise aus der Bevölkerung, waren aber auch selbst aktiv.
Die Spuren, die der Tote ihnen quasi geliefert hatte, wurden parallel dazu ermittelt. Kette und Uhr besaßen nicht gerade ein Alleinstellungsmerkmal. Von dieser Seite her war nicht viel zu erwarten. Auch der Zahnstatus brachte die Ermittler nicht weiter. Dann waren da noch die Projektile im Schädel des Toten. Es war ein kleines Kaliber, 6,35 mm. Ein Vergleich mit der Sammlung von Tatmunition beim Bundeskriminalamt ergab keine Übereinstimmung. Das war also auch noch keine heiße Spur. Blieb die Siebenlochplatte, mit der das verletzte Bein zusammengehalten wurde. Die Ermittlungen ergaben, dass sie in einem Medizin- und Labortechnikbetrieb der ehemaligen DDR hergestellt wurde. Die eingestanzte Nummer war leider keine Seriennummer, die sich einer bestimmten Person zuordnen ließ. Daraufhin mussten Tausende OP-Akten gewälzt werden. Die Ermittler konzentrierten sich auf den Regierungsbezirk Leipzig. Und wieder blieb ein Treffer aus.
Zu guter Letzt verglichen die Ermittler die Daten des Toten mit denen von vermissten Personen seiner Altersgruppe bundesweit. Auch hier gab es keinen Erfolg.

Alle Möglichkeiten, den Toten aus dem Zwenkauer Tagebau zu identifizieren, schienen ausgeschöpft zu sein. Die Ermittlungen waren festgefahren, dabei hatten sie so vielversprechend begonnen.
Auch der Zeugenaufruf in der Lokalpresse erbrachte keine Hinweise.
Ohne erkennbares Gesicht war das vielleicht kein Wunder.

April 1992

„Verdammt, so eine Idee kann nur ein Schnaps vernebeltes Gehirn ausbrüten!“, meinte die schwangere Conny entsetzt, als sie vom Mord erfuhr. „Den Toten haben wir jetzt an der Backe! Wie soll das hier weitergehen? Mord ist was anderes, als ein paar Kaffeemaschinen zu klauen. Die Polizei wird uns jagen, bis sie uns haben.“
Aufregung konnte sie in ihrem Zustand wirklich nicht gebrauchen. Es war auch so schwierig genug. Ihr Kind würde in rauen Verhältnissen zur Welt kommen.
„Nun beruhige dich mal wieder“, beschwichtigte Udo sie und fand: „Alles halb so schlimm.“
Der hatte doch schon wieder gesoffen. Begriff der nicht, was sie getan hatten? Conny war wütend, saß aber irgendwie mit im Boot, obwohl sie geschlafen hatte und gar nicht dabei gewesen war.
„Wir schaffen ihn weg und dann …“ Udo stockte.
„Ja, und dann? Was dann?“, war sie neugierig.
„… war es das. Wir haben jetzt noch gemeinsam etwas zu erledigen und dann – war es das“, bekräftigte er. „Den Laden hier machen wir dicht und dann verschwinden wir – jeder für sich!“
Sie sollten längst in alle Winde verstreut sein, falls die Polizei ihnen auf die Spur kommen und eines Tages vor der Tür stehen würde. Damit musste sie schließlich rechnen.

„Ihn wegschaffen? Den wird doch jemand vermissen!“, mischte sich jetzt Tamara ein.
„Das kann uns doch egal sein. Wenn der weg ist, ist er weg und niemand weiß etwas. Und wir kennen den sowieso nicht. Alles klar? Großes Schulterzucken! Verstehst du? …“
Es hörte sich doch nicht so an, als wäre ihr Bruder Udo wie sonst betrunken, fand Conny plötzlich. Ganz im Gegenteil. Stocknüchtern. Als hätte er durchaus begriffen, was sie getan hatten, und wollte alle Spuren verwischen, indem sie das Opfer verschwinden ließen.
Eins war aber sicher: Der Einbruch in der Nacht vom 20. auf den 21. April 1992 in das Elektrowarengeschäft im Leipziger Westen war ihr letzter gemeinsamer Coup gewesen. Am Ende der Nacht war ein Mensch tot. Und das änderte vieles. Nicht, dass sie ein schlechtes Gewissen gehabt hätten. Die Furcht vor Polizei und Gefängnis war mächtiger als alles andere.
Es war richtig, dass er tot war.
Bis auf Conny fanden das alle.
„Und wohin mit ihm?“, fragte Thomas.
Maik saß da und sagte nichts.
„Südlich von Leipzig gibt es große Löcher in der Erde. Die leer geräumten Tagebaue. Mondlandschaft. Die ist abschreckend, da geht niemand freiwillig hin. Da hat der Tote seinen Frieden und wir haben unsere Ruhe vor ihm“, meinte Udo und man hätte glauben können, er wäre abergläubisch und fürchtete sich vor Wiedergängern. Das waren Mordopfer, die nachts aus den Gräbern steigen, um sich an ihren Mördern zu rächen.
Sicherlich hatte er es nur so dahingesagt.
Obwohl … auf eine gewisse Weise wäre diese Furcht durchaus berechtigt …

1998

Die Ermittlungen steckten seit drei Jahren in der Sackgasse. Denn noch immer war die Identität des Mannes nicht geklärt. Es war ziemlich frustrierend. Doch auch Mordermittler haben mal Feierabend und den genießen sie beispielsweise entspannt vor dem Fernsehgerät. Kriminalistische Themen scheinen bei einigen von ihnen ganz oben auf der Liste zu stehen. Wie der Zufall es wollte, sah sich einer der Leipziger Ermittler eine Sendung zu einem ähnlich gelagerten Fall in Bonn an. Da war es eine unbekannte weibliche Leiche, die nicht identifiziert werden konnte. Zwar gab es bereits Methoden, die Weichteile, also das, was das Gesicht ausmacht, analog, sprich per Hand zu modellieren. Doch das Verfahren war sehr aufwendig, die Kapazitäten begrenzt, die Wartezeiten viel zu lang und mit der Genauigkeit war es oftmals so eine Sache.

Für die Leipziger Ermittler aber drängte die Zeit. In der Sendung wurde nun ein neues Verfahren aus den USA vorgestellt, das Gesicht per Computerprogramm zu modellieren. Federführend dabei war das FBI. Die Bonner Leiche bekam mit diesem Verfahren ihre Identität zurück.

Was in Bonn geklappt hatte, sollte auch in Leipzig möglich sein! Das amerikanische Konsulat in der Messestadt knüpfte für die Leipziger Ermittler den Kontakt mit der FBI-Zentrale in Washington. Die amerikanischen Kollegen waren sehr kooperativ und entsandten einen Agenten nach Leipzig, der sich mit dem Fall vertraut machte. Der Schädel des unbekannten Toten wurde auch von den letzten Weichteilresten befreit und dann transportfähig verpackt. Am 3. April 1998 schickte die Leipziger Kripo den Schädel per Luftfracht an das FBI-Labor in Washington. Und mit ihm sämtliche Ermittlungsunterlagen und gerichtliche Sektionsergeb-

nisse. Die darin enthaltenen Daten, es waren Tausende, bereiteten die FBI-Experten auf und tippten sie in den Großcomputer ein. Ziel war es ja, aus diesen Daten das Gesicht des Toten zu rekonstruieren. Die Erwartungen waren hoch. Die mit dieser Methode entstandenen Bilder hatten einen exzellenten Ruf. Sie kamen dem Original so nahe wie kein anderes Verfahren. Salopp gesagt: Das Ergebnis hatte fast Fotoqualität.
Etwa ein halbes Jahr später war es so weit. Im November 1998 landete der Schädel wieder in Leipzig. Und mit ihm das Bild vom Toten aus dem Zwenkauer Tagebau, wie er vor dem Mord ausgesehen haben soll.
Im Februar 1999 wurde das Bild in verschiedenen Printmedien veröffentlicht.

April 1992

Gesagt, getan. In der Nacht nach dem Mord, also am Abend des 22. April 1992, luden die Täter ihr Opfer in den Lieferwagen, den sie in der Toreinfahrt geparkt hatten. Es war an den Füßen gefesselt und in einen Fußbodenbelag eingewickelt. Auch Schaufeln nahmen sie mit. Dann fuhren sie Richtung Süden. In Höhe der Ortschaft Großdeuben verließen sie die Hauptstraße und fuhren über einen holprigen Weg zum Zwenkauer Tagebau, in dem damals noch Braunkohle gefördert wurde.
Als sie den Tagebaurand erreicht hatten, hielten sie an. Der Tagebau lag tiefschwarz vor ihnen, wie ein bodenloses schwarzes Loch, mit gefährlicher Sogwirkung. Es war unheimlich. Nur in der Ferne funkelten ein paar Lichter. Dort hinten stand die Förderbrücke und holte Braunkohle aus der Erde.
„Und nun?", fragte Thomas. „Da fahre ich jedenfalls nicht hinein."
Er meinte den Tagebau.

„Der soll mehr als vierzig Meter tief sein. Die Rampe runter mag es gehen, aber die Steigung hinauf traue ich der alten Karre nicht mehr zu. Überhaupt könnte da viel ins Rutschen kommen und wir verschüttet werden. – Also wo?"

Er spähte aus dem Fenster, konnte aber nicht viel erkennen.

„In den Tagebau wollen wir ja gar nicht", meinte Udo.

Außer den beiden saß noch Maik in dem Fahrzeug.

Sie hatten Taschenlampen dabei und stiegen jetzt aus. Dann machten sie das Licht an und leuchteten die Gegend ab.

Schon damals waren die Tagebauränder teilweise wieder aufgeforstet. Bis auf die Zufahrtsstraße war das Gelände unwegsam und das war vorteilhaft für ihr Vorhaben. Hier würde so schnell niemand herkommen, hofften sie.

„Das Waldstück dort drüben. Es scheint auch ein bisschen abseits zu liegen." Udo leuchtete in eine Baumgruppe. Der Lichtstrahl reichte weit in die Dunkelheit.

„Wir tragen ihn dort hinein und vergraben ihn", schlug er vor und meinte zu seinen Kompagnons: „Legt die Schaufeln obendrauf. So, und nun fasst an!"

Zu dritt schleppten sie das fast neunzig Kilogramm schwere Bündel und zogen es streckenweise hinter sich her.

Nachdem sie sich etwa fünfzig Meter durch das Gestrüpp geschlagen hatten, glaubten sie einen geeigneten Platz gefunden zu haben. Es gab nicht wirklich einen Zugang zu diesem Ort tief im wiederaufgeforsteten Wald. Hier war der Tote gut versteckt, hofften sie. Die Männer hoben das Grab aus und legten den eingewickelten Leichnam hinein. Dann schaufelten sie Erde drüber – und das Problem war beseitigt. Fürs Erste jedenfalls.

„Los, weg hier!"

Sie fuhren erleichtert zurück. Vielleicht waren sie auch etwas nachdenklich. Denn seit dieser Nacht waren sie auf der Flucht. Für das schaurige Geheimnis, das sie von nun an miteinander teilten, würde tatsächlich jeder von ihnen lebenslänglich bekommen, sollte die Polizei sie fassen. Wussten sie das eigentlich?

Juni 1999

Viereinhalb Jahre lang hatten die Ermittler keinen blassen Schimmer, wer der Tote war und in wessen Mordfall sie da eigentlich ermittelten. Sie hatten keinen Namen, kein Motiv und kannten nicht das Milieu, aus dem das Opfer stammte und in dem sie zuerst nach den Tätern suchen würden. Doch irgendwo lag der sprichwörtliche rote Faden aus, der sie genau dorthin führen würde. Sie mussten ihn nur finden. Sollte das nicht gelingen, würde der Fall im Aktenkeller landen und die Täter davonkommen. Es war klar, dass es mehrere Täter geben musste. Einer allein hätte den Toten nicht in den Tagebau transportieren und vergaben können.

Doch eine Chance hatten die Kriminalisten noch, diese allerletzte. Mitte Februar 1999 war die Computeranimation des FBI, die das Gesicht des Toten aus dem Zwenkauer Tagebau zeigte, in verschiedenen Printmedien erschienen. Es trafen zahlreiche Hinweise ein. Dennoch kamen die Ermittlungen zunächst nicht vom Fleck. Doch dann meldete sich ein Anrufer, der in dem modellierten Schädel einen früheren Freund wiederzuerkennen glaubte. Jetzt konnten die Ermittler auf bereits gesichertes Beweismaterial, wie den Zahnstatus des Toten, zurückgreifen. Der Zahnarzt des früheren Freundes wurde ausfindig gemacht. Sie glichen dessen Zahnstatus mit dem des Toten ab und dann stand fest, der Tote aus dem Zwenkauer Tagebau war tatsächlich der Freund jenes Anrufers. Er

hieß Wolfgang Balek, geboren am 5. August 1958 nahe Chemnitz. Er war 33 Jahre alt, als er starb.
Die Jagd nach den Tätern und dem Motiv konnte beginnen.
Die Ermittler um Kriminalhauptkommissar Richard Scheibner – sein Vorgänger Hans Birkner war 1995 in den Ruhestand gegangen – kamen jetzt zügig voran. Schnell war klar, das Balek einer Bande angehört hatte, die ihren Lebensunterhalt mit Straftaten bestritt. Die Fahndung nach den Mitgliedern dieser kriminellen Gemeinschaft lief auf Hochtouren und beschränkte sich nicht nur auf Leipzig, sondern weitete sich nach Chemnitz, Dessau und sogar bis hoch in den Norden nach Kiel aus.

Juni 1999

„Was sagst du da! Wann war das?“ Thomas Hoyers Stimme zitterte. Nach so langer Zeit hatte keiner von ihnen damit gerechnet, noch erwischt zu werden. Für sie war die Sache erledigt gewesen.
„Heute war sein Foto in der Zeitung, mit Namen und Adresse. Die ganze Stadt kennt ihn jetzt.“
Udo Rieder war am anderen Ende der Leitung. Er rief aus Leipzig an.
„Ach du Scheiße! Dann wissen die Bullen bald auch, wer wir sind. Was machen wir jetzt? Abtauchen?“, schlug Hoyer vor.
„Vielleicht wäre es das Beste. Aber wohin so schnell?“, erwiderte Udo Rieder.
„Was sagt Maik? Weiß er schon Bescheid?“, fiel dem Norddeutschen jetzt ein.
„Ja, ich hab vorhin mit ihm gesprochen. Ich glaube, er musste sich erst mal setzen, als er gehört hat, was los ist. Eine Zeit lang war nur Schnappatmung zu hören. Ihm geht mächtig die Muffe. Schließ-

lich hat er Wolfgang damals … na, du weißt schon …“, meinte der Leipziger.
„Wir waren das alle“, erinnerte ihn Thomas Hoyer.
„Aber er hat abgedrückt“, beharrte Rieder.
„Das spielt wohl keine Rolle. Hat er die Waffe eigentlich noch?“, wollte Hoyer wissen.
„Schon möglich.“ Rieder war sich aber nicht sicher.
„Also, was machen wir jetzt am besten?“, nahm er den verloren gegangenen Faden wieder auf.
„Wir sollten verschwinden, was sonst? So schnell wie möglich!“, meinte Thomas Hoyer eindringlich.
Das schien tatsächlich der einzige Ausweg zu sein.
Doch in Wirklichkeit gab es keinen.
Sie wussten nicht, dass die Ermittler innerhalb weniger Tage nicht nur ihre Identitäten herausgefunden, sondern auch ihre Telefone angezapft hatten und alles mithörten.
Die Falle schnappte zu.
Thomas Hoyer und seine Frau Tamara wurden in Bünsdorf bei Kiel festgenommen.
Für Udo Rieder und seine Schwester Conny klickten in Leipzig die Handschellen.
Um Maik Bause dingfest zu machen, wurde ein Sondereinsatzkommando der Polizei losgeschickt. Da er mutmaßlich noch im Besitz der Tatwaffe war, einer „Browning“ mit Schalldämpfer, galt er als gefährlich. Die Spezialeinheit spürte ihn im Saale-Center am Rennbahnring in Halle-Neustadt auf.
Am 12. Juni 1999 hatte die Polizei das Foto von Wolfgang Balek veröffentlicht und bereits am 15. Juni saßen alle Verdächtigen im Gefängnis.

Conny Rieders Haftbefehl wurde vorläufig wieder außer Kraft gesetzt. Sie bestritt jede Beteiligung an der Tat. Der geständige Haupttäter Maik Bause bestätigte das und entlastete sie.
Dass es nach sieben Jahren so schnell gehen konnte, hatte wohl nicht einmal die Polizei geahnt.

April 1992

Der Alkohol spülte Wolfgang Baleks Ärger mit solcher Wucht nach oben, dass ihm der Kragen platzte. „Ich plane, organisiere, mache und tue, reiße mir den Allerwertesten auf. Dafür muss ich bei der Aufteilung der Beute mehr bekommen als derzeit“, fand er. Er war schon lange der Meinung, dass er nicht angemessen beteiligt wurde.
Die anderen reagierten befremdlich.
„Ich finde es eigentlich gut, so wie es ist“, meinte eine der beiden Frauen.
„Und wessen Anteile willst du dafür kürzen“, wollte Rieder wissen. Zu kurz kommen wollte auch er nicht.
„Viel mehr als wir legst du dich eigentlich auch nicht ins Zeug“, widersprach Thomas Hoyer energisch.
„Ach nee? Ich kann ja mal der Polizei einen Tipp geben!“, drohte Balek unvermittelt. Er sah triumphierend in schockierte Gesichter. Der Teufel Alkohol hatte den Weg für diese wahnwitzige Idee freigemacht.
„Damit schießt du dir ins eigene Knie“, kam aus der Runde. Es war ja klar, dass Balek sich damit selbst schaden würde. Das schien ihn aber nicht zu stören. Er fühlte sich allmächtig. Der Alkohol im Kopf machte es möglich.
„Ja, ich gehe zur Polizei“, bekräftigte er mit alkoholvernebeltem Hirn seine Drohung und ahnte nicht, was er damit auslöste.

Seine Kompagnons nahmen die Ankündigung so ernst, dass sie darauf reagierten. Kurz darauf trafen sie sich ohne Balek und beschlossen einstimmig seine Ermordung. Rieders schwangere Schwester Conny war nicht mit dabei. Auf Drängen ihres Bruders war sie zu Hause geblieben. Er wollte sie da heraushalten.
Thomas Hoyer besorgte die Waffe. Maik Bause sollte die Tat ausführen.
Am 20. April 1992 verabredeten sie sich in der Demmeringstraße 32. Auch diesem Treffen blieb Conny Rieder fern.
Alle anderen soffen auch an diesem Tag auf Teufel komm raus. Im Laufe des Abends standen sie unter erheblichem Alkoholeinfluss. Wolfgang Balek legte sich irgendwann ins Nebenzimmer, um seinen Rausch auszuschlafen. Er ahnte nichts vom mörderischen Plan seiner Kompagnons, die auf eine solche Gelegenheit nur gewartet hatten. Wahrscheinlich hatte er seine fatale Drohung, zur Polizei zu gehen und sie anzuschwärzen, längst wieder vergessen. Doch das hätte keine Rolle mehr gespielt. Er war zu einem Risikofaktor geworden und musste weg. Maik Bause, auch reichlich betrunken, hatte die kleine handliche Waffe mitgebracht. Er zog sie aus der Tasche, befestigte am Lauf einen Schalldämpfer und folgte Balek ins Nebenzimmer. Dieser lag rücklings auf dem Bett. Der erste Schuss traf den Schlafenden zwischen den Augen, aber offenbar nicht tödlich.
„Die Sau ist nicht totzukriegen“, hat Maik Bause gerufen und dann zwei weitere Schüsse auf sein Opfer abgefeuert. Zu guter Letzt drücke er ihm ein Kissen aufs Gesicht. Overkill. Balek war tot.
In der darauffolgenden Nacht vergruben sie seinen Leichnam, eingewickelt in einen Teppichbelag, im Zwenkauer Tagebau.

2000

Mitte des Jahres fand am Leipziger Landgericht der Prozess gegen alle fünf Angeklagten statt. Der Tatvorwurf lautete auf gemeinschaftlichen Mord. Damit stand ein spektakulärer Kriminalfall vor dem Abschluss, der drauf und dran gewesen war, ein „Cold Case" zu werden. Das mit ins Boot geholte FBI verhinderte mit dem Einsatz neuartiger Kriminaltechnik, die letztlich zur Ermittlung der Täter führte, diese Entwicklung.

Maik Bause hatte ein umfassendes Geständnis abgelegt und damit auch die Mitangeklagten schwer belastet. Thomas Hoyer hatte die Waffe besorgt, seine Frau diese weitergeleitet und alle anderen hätten ihr Einverständnis mit dem Mord erklärt und bei der Beseitigung der Leiche mitgeholfen. Na ja, fast alle. Maik Bause und Conny Rieder waren die Einzigen, die sich zu den Vorwürfen überhaupt geäußert haben. Auf dieser Grundlage forderte die Staatsanwaltschaft für alle fünf Angeklagten lebenslange Haft. Deren Verteidiger votierten dagegen, dass den Angaben des Haupttäters ein so hoher Wahrheitsgehalt zugesprochen werden sollte. Er würde nur etwas behaupten, aber nichts beweisen. Außerdem hätten Thomas und Tamara Hoyer, Conny und Udo Rieder keine Beteiligung an der Tat eingeräumt.

Maik Bauses Verteidigerin forderte für ihren Mandaten wegen verminderter Schuldfähigkeit nicht mehr als zwölf Jahre Haft. Alle anderen Anwälte beantragten für ihre Mandantinnen und Mandanten Freispruch.

Das Urteil wurde am 7. Juli 2000 verkündet und sorgte für einige Überraschungen.

Unstrittig war, dass die Angeklagten ihren früheren Kompagnon Wolfgang Balek im April 1992 nach einem gemeinsam gefassten Plan getötet hatten, weil er sie bei der Polizei verpfeifen wollte.

Das Urteil stützte der Richter allerdings nicht auf die Angaben von Maik Bause, sondern auf die Aussagen von Conny Rieder. Sie war damals schwanger gewesen, hatte keinen Alkohol getrunken, sich von den anderen ferngehalten, aber dennoch genug gewusst, um jetzt aussagen zu können. Der Richter fand es „unwahrscheinlich, dass sie eine völlig falsche Geschichte erfindet". Sie wurde als einzige Angeklagte freigesprochen.

Die anderen Angeklagten erhielten Haftstrafen von zwölf, elf beziehungsweise zehneinhalb Jahren.

Dass keiner eine lebenslange Haftstrafe erhielt, hatte einen bestimmten Grund. Die Angeklagten planten und mordeten unter starkem Alkoholeinfluss und es sei deshalb nicht auszuschließen, dass ihre Schuldfähigkeit vermindert war. „Eine lebenslange Strafe komme daher nicht in Betracht", so der Richter. Mit anderen Worten: Die Tat war zu lange her und die Zeit spielte damit aufseiten der Täter. Dieser „Bonus" war gesetzlich festgeschrieben und musste im Urteil Beachtung finden.

EIN BANKRÄUBER SIEHT GESPENSTER

Leipzig, der 19. Mai 1994. Markus Rieder war vor ein paar Minuten in seine Wohnung zurückgekehrt. Er hatte den Inhalt seiner Einkaufstüte auf den Tisch geschüttet und war maßlos enttäuscht. Dort lagen jetzt 12.000 D-Mark in Scheinen. So viel hatte er noch nie auf einem Haufen gesehen. Eigentlich sollte er sich freuen, doch er starrte grimmig auf den Batzen Geld vor sich. Knallrot leuchteten die Geldscheine und waren der einzige, dazu noch grelle Farbtupfer in seiner tristen Wohnung. Vor einer halben Stunde hatte er in der Riesaer Straße in Paunsdorf mit vorgehaltener Pistole die Sparkasse überfallen.

Er war mit einer blaugrauen Regenkutte bekleidet gewesen und hatte die Kapuze tief ins Gesicht gezogen. „Hinlegen. Geld her!“, hatte er gerufen. Alle fünf anstehenden Kunden zwang er so, sich auf den Fußboden zu legen und den Belag anzustarren. Währenddessen stopfte eine Mitarbeiterin der Sparkasse den über den Tresen gereichten Plastebeutel mit Geldscheinen voll. Dabei hatte sie ihm eine Farbbombe untergejubelt. Kaum hatte er nach knapp fünf Minuten den Laden verlassen, war diese detoniert. Er floh in Richtung Bauernteich, dann in die Döllingstraße und schließlich rannte er unbehelligt nach Hause.

Der feine Farbstaub füllte die Tüte komplett aus, war in so ziemlich jeden Geldschein gedrungen und hatte die Zahlungsmittel unbrauchbar gemacht. Mit dem Geld konnte er eigentlich nur noch seinen Berliner Ofen heizen. Und das am besten so schnell wie möglich und nicht erst im Winter. Garantiert war ihm die Polizei längst auf der Spur, argwöhnte er. Doch als er seine Hände ansah, wäre er beinahe in Ohnmacht gefallen. Knallrot waren die und erinnerten flüchtig an zwei gekochte Hummerscheren. Waschen und Schrubben halfen nicht. Die Farbe klebte fest an seiner Haut. Er war gebrandmarkt. Da half nur ein chemisches Reinigungsmittel. Doch woher nehmen? Und wie sollte er mit diesen knallroten Händen, dem eindeutigen Beweis seines Verbrechens, unter die Leute gehen oder gar jemandem die Hand schütteln? Die würden gleich die Polizei rufen. Was sollte er tun? Die Hände in den Hosentaschen verbergen würde möglich sein oder dezente Handschuhe tragen, in Hautfarbe vielleicht. Oder am besten gleich zu Hause bleiben. Aber für wie lange?

Doch schon am 24. Juni 1994 versuchte er sein räuberisches Glück erneut. Wieder eine Sparkasse, dieses Mal die Filiale in der Zweinaundorfer Straße in Anger-Crottendorf. Wieder hatte er seine blaugraue Regenjacke an, seine Pistole dabei und dazu eine blauweiße Maskierung im Gesicht. Die Mitarbeiter der Sparkasse gaben ihm keine Geldscheine, die mit Farbbomben gesichert waren. Er bekam Rollen mit 800 Mark Hartgeld in die Hand gedrückt. Die Beute landete in einem mitgebrachten Beutel. Der war ziemlich schwer, als er die Sparkasse verließ. Er passte auf, dass die Henkel nicht rissen, und verschwand vom Tatort. Dieser Überfall war zwar geglückt, aber nicht sehr ertragreich gewesen. Wie sollte er mit den paar Piepen über die Runden kommen? Es hätte ihn nicht gewundert, wenn die Leute aus der Sparkasse prustend vor Lachen den Telefonhörer in die Hand genommen und lässig den Polizeinotruf 110 gewählt hätten.

Vielleicht würde die Polizei zu Hause ja schon auf ihn warten.
Aber das tat sie nicht. Niemand wusste, wer er war.
Die Polizei ließ ihn in Ruhe. Wochenlang, monatelang.
Doch der 37-jährige Bankräuber traute dem Frieden nicht. Oft saß er in seiner Wohnung und stellte sich vor, wie ein Polizeiwagen nach dem anderen in seine Straße rollte, um seine Wohnung zu stürmen und ihn festzunehmen. Doch wenn er aus dem Fenster sah, war weit und breit kein Polizeiwagen zu sehen, nur die neuen gebrauchten Westschlitten der Nachbarn.
Aber vielleicht, argwöhnte er, hatten die Polizisten ihre Fahrzeuge in Nebenstraßen abgestellt, schlichen sich an und kamen leise die knarzige Treppe herauf. Er lauschte an der Tür oder sah durch den Spion, ob sich im Treppenhaus etwas tat. Aber es blieb alles ruhig.
Doch das half ihm nicht. Er fand keine Ruhe. Die Angst, dass die Polizei jeden Augenblick vor der Tür stehen und ihn abholen könnte, hatte ihn fest im Griff. Er begann Gespenster in grünen Uniformen zu sehen. Und wenn er viel Alkohol getrunken hatte, redete er sogar mit ihnen. Er verlangte von ihnen nicht weniger als ein reuiger Sünder vom lieben Gott: Erbarmen.
Nach einiger Zeit hielt er die Angst, die sich in ihm eingenistet hatte, nicht mehr aus. Er hatte nicht die Nerven, länger auf seine Festnahme, die allerdings niemand geplant hatte, zu warten. Am 6. September 1994 trank er sich einen Alkoholpegel von circa 2,8 Promille an und torkelte am Abend zu einem Leipziger Polizeirevier, das er um 21.30 Uhr betrat. Er zeigte sich selbst an und sagte auch, warum er das tat. Vom Ermittlungsrichter hoffte er auf eine „barmherzige Entscheidung“. Und so landete der Bankräuber in Untersuchungshaft, in der er erst mal seinen Rausch ausschlafen konnte.

Welche Strafe er bekommen hat, ist nicht bekannt. Für einen bewaffneten Raubüberfall sah das Gesetz allerdings eine Freiheitsstrafe von nicht unter fünf Jahren vor.

MILLIONENBEUTE

Der 17. Oktober 1996 war ein Donnerstag. Es war regnerisch und die Temperaturen kletterten kaum über die 10-Grad-Marke. Vier Maskierte, gut getarnt in ihren schwarzen Overalls, schlichen sich abends, im Schutz der Dunkelheit, auf das Gelände der DAS Sicherheitstechnik GmbH, in der Leipziger Straße in Taucha. Einer von ihnen war mit einer Pistole bewaffnet. Die Männer können kaum überrascht gewesen sein, als sie hier auf zwei Mitarbeiter stießen, die gerade dabei waren, einen Geldtransporter zu beladen. Der besonders gesicherte Tresor für die wertvollen Transportgüter wie Paletten voller Geldscheine, Schecks, Bankkarten und so weiter stand jetzt fast einladend offen! Einfacher ging es nicht. Andernfalls wären die Gangster kaum so leicht an die Beute gekommen.
Ein Zufall war das nicht. Die Räuber wussten anscheinend ganz genau, wann die Tür zur Schatzkammer offen stand. Ihren Überfall hatten sie auf diesen Zeitpunkt hin geplant.
Woher wussten sie aber, wann der Geldtransporter beladen und die Geldkammer sperrangelweit offen stehen würde, dass sie einfach so hineinspazieren und sich bedienen konnten?
Einer der Gangster streckte einen Wachmann mit dem Griff der Pistole nieder. Der Mann sackte bewusstlos zusammen. Ein anderer Räuber entwendete ihm die Dienstwaffe. Dann war der verdutzte Kollege des niedergeschlagenen Wachmanns an der Reihe. Dieser bekam jetzt einen Pistolenlauf direkt ins Gesicht gestoßen,

wobei eines seiner Augen getroffen wurde. Auch der zweite Wachmann landete wehrlos auf dem Boden. Beide wurden gefesselt und konnten den Überfall nicht verhindern.

Die vier Räuber nahmen sich, was sie bekommen konnten – wahrscheinlich alles –, und beluden damit ihr Fahrzeug, das solange auf dem Betriebsgelände parkte.

Die Beute war beträchtlich. Die Maskierten entwendeten 1,38 Millionen Mark, 32.000 Blankoschecks, 3.000 Scheckkarten, einen Revolver und verschwanden so schnell, wie sie gekommen waren.

Was die Räuber mit dem Bargeld anfangen würden, war natürlich klar. Aber was sollten sie mit registrierten Blankoschecks und Scheckkarten anfangen? Man konnte sie verkaufen, sie hatten in zwielichtigen Kreisen einen Marktwert. Man konnte sie dafür nutzen, um Geld von fremden Konten zu stehlen, zumindest eine Zeit lang. Natürlich war es ein Risiko, diese Zahlungsmittel zu nutzen. Doch wer seinen Lebensunterhalt mit Straftaten bestritt, lebte ohnehin risikoreich.

Als die Gangster längst über alle Berge waren, konnten die beiden Wachmänner sich selbst befreien. Sie riefen die Polizei, die unverzüglich mit den Ermittlungen begann.

Das Fluchtfahrzeug tauchte am darauffolgenden Tag verlassen in Engelsdorf auf. Die Täter hatten es vor dem Überfall gestohlen.

Der damals noch eigenständige Ort lag ein paar Kilometer südlich von Taucha und im Osten von Leipzig. Hier wurde die Beute sortiert und in ein weiteres Fluchtfahrzeug umgeladen. Im Nachhinein scheint es möglich, dass die Gangster sich bereits hier in zwei Gruppen aufgeteilt haben. Mindestens für ein Duo ging es jetzt wahrscheinlich auf der A 14 in Richtung Dresden weiter. Erst mal nur ein paar Kilometer, bis zur Autobahnabfahrt Mutzschen. Hier hatten sie noch etwas Wichtiges zu erledigen …

Das andere Duo setzte sich höchstwahrscheinlich gleich in Richtung Westen ab.
Ein Beutezug in dieser Größenordnung war bis dahin einmalig für die Leipziger Region und der Druck, die Täter zu fassen, entsprechend groß. Die Polizei fahndete mit internationalem Haftbefehl nach ihnen. Wer einen solchen Coup landete, der hatte genügend Geld, um sich weltweit abzusetzen und unterzutauchen. Der würde ja wohl nicht in der Nähe des Tatortes bleiben, oder?
Die Ermittler konzentrierten sich zunächst auf die registrierte Beute, also die Blankoschecks und Scheckkarten.
Über die vier Räuber war anfangs nichts bekannt.
Hatten sie in dem gestohlenen Fluchtfahrzeug keine Spuren hinterlassen wie etwa Fingerabdrücke oder Haare?

Etwa ein halbes Jahr tat sich nichts.
Doch im März 1997 gingen der hessischen Polizei auf der A 4, Abfahrt Herleshausen, vier Verdächtige ins Netz. Allerdings bekam sie nicht die Haupttäter zu fassen, sondern nur den hintersten Zipfel eines langen Rattenschwanzes, bestehend aus ein paar „freiberuflichen" Hehlern. Bei ihnen fand die Polizei mehr als tausend Blankoschecks aus dem Raub und dazu 5.000 Ecstasy-Tabletten. Beides ließ sich, wie bereits gesagt, illegal zu Geld machen oder eben auch selbst nutzen. Solange die dazugehörigen Konten nicht gesperrt waren, konnten auch Unbefugte Geld einlösen oder Rechnungen damit bezahlen. Auch wenn der Polizei nicht die eigentlichen Räuber ins Netz gegangen waren, brachte dieser Fund die Ermittler den Haupttätern ein Stück näher. Die Festgenommenen hatten Kontakt zu ihnen gehabt.
Und nun ging es Schlag auf Schlag. Die nächsten vier Tatverdächtigen spürte die Polizei im Mai 1997 in Oberhausen, Nordrhein-

Westfalen, auf, ebenfalls über die Beute. Immerhin 500 Blankoschecks aus dem Raub befanden sich in deren Besitz. Nur einen Monat später, am 19. Juni, hatten die Ermittler in Bremen Erfolg. Hier tauchten mehr als 3.300 Blankoschecks und Scheckkarten aus dem Raub in Taucha auf. Weitere drei Verdächtige landeten nach dem Einsatz eines mobilen Einsatzkommandos in Polizeigewahrsam.

Bisher also elf Festnahmen, alles relativ kleine Fische. Die eigentlichen Räuber waren nach wie vor auf der Flucht.

Doch das änderte sich bereits einen Tag später.

Am 20. Juni 1997 wurden zwei von ihnen im spanischen Marbella festgenommen.

Woher hatten die Ermittler plötzlich die Identität der beiden Männer und kannten deren Aufenthaltsort?

Das war eigentlich ganz einfach. Unter den elf festgenommenen Mittätern waren einige, die Details über das lose Netzwerk kannten und wussten, wer die Drahtzieher waren. Ansonsten wären sie kaum an die gestohlenen Scheckhefte gekommen.

Da die Leipziger Ermittler den Verdächtigen mit internationalem Haftbefehl auf den Fersen war, hielten auch spanische Polizisten nach ihnen Ausschau. Die beiden Leipziger Peter Steißler und Ludger Simon genossen nichts ahnend südländisches Urlaubsfeeling, als plötzlich die Polizei vor der Tür stand und die beiden überraschten Männer in Handschellen abführte. Die ersten drei Monate verbrachten die Verdächtigen in spanischer Untersuchungshaft und wurden dann, nach einem entsprechenden Antrag, nach Deutschland ausgeliefert.

Aber wo waren die anderen beiden Mittäter? Noch weiter weg geflohen? Amerika, Afrika, Asien?

Der Großteil des Raubgutes war nach wie vor verschwunden. Vor allem schienen sich die knapp 1,4 Millionen Mark in Luft aufgelöst zu haben. Doch die Beamten bekamen einen Tipp. Die Spur zu einem Teil der Beute führte wieder zurück in die Region Leipzig. Am 25. Juni 1997 rückten die Ermittler mit Bagger und Schaufel auf einem Feld nahe der Autobahnanschlussstelle Mutzschen an, einige Kilometer in östliche Richtung vom Tatort entfernt. Direkt an der A 14, am Fuße eines rotierenden Windrades, gruben sie einen schwarzen Koffer aus. Er war voller Schecks und Scheckkarten, die aus dem Überfall im Oktober 1996 stammten. Die Täter hatten ihn gleich zu Beginn ihrer Flucht bei Nacht und Nebel vergraben.

Bargeld befand sich nicht in dem Koffer.

Und die beiden ertappten Räuber hatten nicht viel dabei. Wo war es also?

Der Prozess gegen Steißler und Simon startete am 26. März 1998 vor dem Leipziger Landgericht.

Bevor es hier so richtig losgehen konnte, gab es eine faustdicke Überraschung.

Es war schwer zu sagen, welche Lichter in seinem Geist gerade heruntergedimmt waren, als Jens Riebach die Höhle des Löwen betrat wie ein angesagtes Freizeitparadies. Ansonsten wäre er wohl kaum in das Gerichtsgebäude gegangen, und in den Verhandlungssaal, in dem der Raubüberfall auf den Geldtransporter verhandelt wurde, hätte er sich schon gar nicht gesetzt. Er nahm zwar nicht in der ersten Reihe Platz, sondern ein bisschen versteckt hinter anderen Prozessbeobachtern, aber das spielte dann auch keine Rolle mehr. Im Gerichtssaal anwesende Zivilfahnder entdeckten ihn unter den Zuschauern und nahmen ihn fest.

Seit etwa anderthalb Jahren hat er seine beiden Kumpels, die auf der Anklagebank saßen, nicht mehr gesehen. Auch Riebach wurde wegen des Überfalls längst von der Polizei gesucht und gehörte eigentlich zu seinen Komplizen nach vorne auf die Anklagebank. Hatte er das ausgeblendet? Wahrscheinlich! Es kam ihm nicht in den Sinn, dass seine verhafteten Kumpane ihn bereits verraten haben könnten und die Polizei längst wusste, wer er war. Auf jeden Fall wurde er nun ziemlich rau daran erinnert. Der in Leipzig lebende Hallenser kam direkt in Untersuchungshaft und der Prozess gegen seine Komplizen ging weiter.

Zwei der Räuber hatten sich also nach Spanien abgesetzt, einer war in Leipzig geblieben. Wohin hatte es den Vierten im Bunde verschlagen?

Die Angeklagten waren geständig. Sie lüfteten in den Vernehmungen, die vor dem Prozess geführt worden waren, auch die Identitäten der beiden anderen Täter, die alle eine kriminelle Vorgeschichte hatten. Aus diesen Verhören war der Polizei Jens Riebach bekannt. Dabei kamen außerdem interessante Details ans Licht. Zwei der vier Räuber hatten zuvor als Wachmänner gearbeitet und kannten sich in diesem Metier aus. Die Idee zu dem Coup kam von dem noch flüchtigen Vierten im Bunde, der bei der DAS Sicherheitstechnik GmbH gearbeitet hatte und über die ziemlich legere Arbeitseinstellung in dem Unternehmen Bescheid wusste. Und er wusste auch, wann der Tresor offen war und dass die Sicherheitsvorkehrungen seinerzeit ein Witz waren.

„Steffen Reichel hatte das Zepter in der Hand", wiederholte Ludger Simon vor Gericht. Dieser habe über interne Informationen verfügt und das alles organisiert, von den Abläufen über die Terminierung des Überfalls bis hin zum Beschaffen der Waffe und des Tatfahrzeuges. Alles trage seine Handschrift, auch das Ausmaß der Gewalt. Mit den beiden Geldtransporteuren habe Simon nicht gerechnet. Er sei „völlig perplex“ gewesen, als er die beiden Mitarbeiter auf dem Gelände entdeckte. Eigentlich sollte niemand anwesend sein. Steißler habe das Fahrzeug nicht wie vereinbart vor dem Gelände gestoppt, sondern sei erst einmal erschrocken weitergefahren, als er die beiden Wachleute auf dem Gelände gesehen habe.

So geständig die beiden waren – massive Gewalt angewandt zu haben, stritten sie vehement ab. Das Gericht glaubte ihnen und honorierte die Offenheit später im Urteil, das der Richter Mitte April 1998 verkündete.

Der 31-jährige Ludger Simon erhielt eine Haftstrafe von sechs Jahren und zehn Monaten. Peter Steißler, 27 Jahre alt, musste für achteinhalb Jahre ins Gefängnis.

Ahnte der noch flüchtige Kopf der Bande zu diesem Zeitpunkt bereits, dass die Ermittler ihm dicht auf den Fersen waren? Falls er die tägliche Berichterstattung in den Medien verfolgt hatte, müsste ihm eigentlich angst und bange geworden sein. Dann wüsste er von der Verhaftung der beiden Mittäter, von dem Prozess gegen sie und von der irrwitzigen Aktion seines unvorsichtigen Komplizen. Im Grunde war seine Festnahme nur noch eine Frage der Zeit. Alle Alarmglocken hätten schrillen müssen und wahrscheinlich taten sie das auch. Denn die Schlinge um Reichel zog sich rasant zu. Fahnder überrumpelten ihn ein paar Tage nach der Urteilsverkündung, am 19. April 1998, in seiner Leipziger Wohnung. Seither saß auch der 38-jährige Kopf der Bande in Untersuchungshaft. Sein Prozess und der von Jens Riebach begann am 7. Oktober 1998 und dauerte bis zum Jahreswechsel.

Die Aussagen von Ludger Simon belasteten die beiden Angeklagten, vor allem aber Steffen Reichel schwer. Dieser zog es nun vor, seine Beteiligung am Überfall abzustreiten. Es sei überhaupt nicht dabei gewesen, behauptete er. Was ihm niemand abnahm.

Riebach wollte sich nicht zu seiner Beteiligung an dem Überfall äußern und schwieg einfach.

Dafür wiederholten die im April verurteilten Komplizen vor Gericht ihre belastenden Aussagen, die für eine Verurteilung der beiden Angeklagten letztlich den Ausschlag gaben.

Eine wichtige Frage hatte der Prozess allerdings nicht geklärt. Hatte Reichel eigentlich selbst mit den Wachleuten gerechnet? Immerhin war er bewaffnet, also auf Widerstand vorbereitet gewesen. Und auch die Frage, wie er ohne die beiden Wachmänner an die Beute gekommen wäre, blieb offen. Die Türen zum Tresor werden ja wohl in irgendeiner Art gesichert gewesen sein. Von mitgeführtem Werkzeug, mit dem man Türen aufbrechen konnte, ist nicht die Rede gewesen. Das alles sprach eher für eine ganz gezielte Vorgehensweise und dafür, dass er seine Komplizen möglicherweise brisante Information vorenthalten hatte. Plante er von vornherein den Einsatz von Gewalt gegen seine früheren Kollegen?

Geschockt waren nämlich nur die anderen.

Einbruchsdiebstahl und ein bewaffneter Raubüberfall mit Körperverletzung unterschieden sich im Strafmaß beträchtlich voneinander.

Hatte Reichel die drei Komplizen nicht nur mit großartiger Beute, sondern auch mit einem vermeintlich geringeren Risiko geködert?

Ein Tag vor Weihnachten, am 23. Dezember 1998, erging das Urteil gegen das zweite Verbrechergespann. Der 31-jährige Jens Riebach musste für neun Jahre ins Gefängnis.

Und für Steffen Reichel erfüllte sich dieser Spruch: Den Letzten

beißen die Hunde. Er wurde als Letzter gefasst und bekam als planender Kopf der kriminellen Unternehmung die längste Haftstrafe aufgebrummt. Für zehn Jahre musste er ins Gefängnis. Wobei diese beiden Männer nicht nur wegen schweren Raubes verurteilt wurden, sondern auch wegen gefährlicher Körperverletzung.
Und das erbeutete Geld? Das soll zwischen den beiden Duos etwa zur Hälfte aufgeteilt worden sein, war aber anscheinend nicht wieder aufgetaucht!
Vielleicht haben sich die Räuber nach Verbüßung ihrer Haftzeit auf die Suche nach den Millionen begeben.
Ob sie von der Beute jemals etwas wiedergesehen haben?
Das hing vielleicht auch davon ab, ob jemand von dem Millionenversteck wusste. Und falls ja, ob man denen für die Dauer der Haftzeit trauen konnte.
Aber auch die Justiz interessierte sich für die Beute und es gab Fahnder. Und die hätten die entlassenen Straftäter wohl keine Minute aus den Augen gelassen.

SARGNÄGEL FÜR DEN TOTENGRÄBER

Grüfte, Grabsteine, schwarz gekleidete, trauernde Menschen. Über das Gelände verstreut standen weit ausladende Bäume, die im Frühjahr ein grünes Dach austrieben, das im Herbst wieder herunterfiel. Zwischen den Wegen und Grabreihen standen Büsche mit zahlreichen Nischen und Verstecken. Lediglich brummende Fahrzeuge jenseits der Friedhofsmauern störten tagsüber die Stille. Auf manchen Gräbern brannten Lichter. Nachts war es an diesem abseits gelegenen Ort totenstill. Der Friedhof bedeutete für Marten Sievers Alltag. Er ging nicht nur mal kurz zwischen den Gräbern spazieren und verschwand dann wieder im Getümmel der Stadt.

Er lebte hier mit seiner Familie, Frau und Sohn. Sie bewohnten das Häuschen links am Haupteingang. Der 46-jährige Marten Sievers war der Totengräber und Grabmacher vom Nordfriedhof an der Berliner Straße. Die Stadt Leipzig war sein Arbeitgeber und was er monatlich verdiente, war zu viel – also zum Sterben zu viel. Und zum Leben irgendwie zu wenig, fand er. Das hatte sich im Laufe der Zeit nicht geändert. Es hatte sich ohnehin nicht viel geändert. Seit zwanzig Jahren brachte er die Toten unter die Erde und pflanzte dann bunte Blümchen aufs Grab. Es war immer dasselbe. Reich ist er dabei nicht geworden. Es war Zeit, daran ein wenig zu ändern, fand er.

Das Wohnhaus des Totengräbers steht seit jenen Tagen leer

Bloß, wie sollte er das anstellen? Ihm wollte nichts einfallen.
Aber dann lernte er im Frühjahr 1995 jemanden kennen.
Im Nachhinein fragte er sich allerdings, wie Mirko Preißler in sein Leben geraten war. War das wirklich nur ein Zufall gewesen oder hatte der den Totengräber gezielt angesprochen?
Der neue Bekannte war ein ehemaliger Versicherungsvertreter, der einen besser bezahlten Job gefunden hatte. Vielleicht dank seiner Freundin, einer Vietnamesin.

Die vietnamesischen Vertragsarbeiter waren nach dem Zusammenbruch der DDR-Wirtschaft 1990 die Ersten, die auf der Straße standen. Ohne Job sollten sie eigentlich nach Vietnam abgeschoben werden. Doch die allermeisten dachten gar nicht daran, sich abschieben zu lassen. Sie waren abgetaucht und hiergeblieben. Mit dem Handel von Textilien, Obst, Gemüse und mit unverzollten Zigaretten hielten sie sich mehr schlecht als recht über Wasser. Vor allem die Zigarettenhändler bewegten sich auf sehr dünnem Eis, gesucht von Zoll und Polizei einerseits. Andererseits waren sie Zielscheibe ausländerfeindlicher Attacken. Irgendwie immer auf der Hut und halb auf der Flucht. Sie waren übrigens auch die Ersten, die an ihre Landsleute Schutzgeld zahlen mussten.
Im Jahr 1995 hatte sich diese Szene vollkommen gewandelt. Die ehemaligen Vertragsarbeiter spielten längst keine Rolle mehr. Was aus ihnen geworden ist, verliert sich im Dunkeln. Sie verschwanden wie jemand, der vielleicht etwas Besseres gefunden hatte, eine Anstellung in einem Gemüseladen oder in einem Restaurant. Oder sie sind doch noch nach Vietnam zurückgekehrt.
Aber auch Gemüse- oder Textilhändler wurden von den Erpressern nicht verschont. Wer sich weigerte, Schutzgeld zu zahlen, bekam Besuch. Und es waren nicht immer Landsleute, die den

Händlern auf die Pelle rückten. Auch Nordafrikaner oder Südosteuropäer schwangen die Eisenstangen, weigerten sich die Händler zu zahlen. Im Hintergrund zogen allerdings Vietnamesen die Strippen. Sie schickten die Schläger los und die Ermittler zunächst auf eine falsche Fährte. Manchmal trafen sie auf Widerstand. Als im Februar 1997 auf dem Wochenmarkt in der Markkleeberger Rathaushausstraße ein vietnamesischer Gemüsehändler keine 1.000 Mark „Schutzgeld" zahlen wollte, wurde dessen Stand kurz und klein geschlagen. Womit die Angreifer nicht gerechnet hatten: Die Marktbesucher kamen dem Händler zu Hilfe und hielten die Angreifer fest, bis die Polizei vor Ort war.
So nach und nach wurden die Frauen und Männer der „ersten Stunde" von Landsleuten aus der Heimat ersetzt.
Aber wie kamen sie nach Deutschland, das die Vietnamesen ja eigentlich abschieben wollte und ihre Landsleute ganz sicher nicht freiwillig ins Land lassen würde?

„He, Marten", begann Preißler eines Tages, als er Sievert in seinem Haus besuchte. „Du wohnst so schön … so schön ruhig, in so einem schönen großen Haus mit ganz viel Platz."
Er hörte sich genauso verschlagen an wie der Wolf, bevor er Rotkäppchens Großmutter verschlang, dachte Sievers.
„Weit und breit sind keine Wohnhäuser, keine Gaststätten, Klubs oder andere Anlaufpunkte für Nachtschwärmer. Möchte wetten, nachts ist im Umkreis von einigen Hundert Metern gar nichts los", schwärmte Preißler.
„Na ja, nur die Straßenbahn. Aber die stellt dann irgendwann für ein paar Stunden den Betrieb ein", meinte Sievers.
„Ist doch super", freute sich Preißler. Etwas Besseres würde er derzeit nicht finden.

Preißler war eine Art Scout und gerade auf der Suche nach einem Zwischenlager.
Er fragte den Totengräber ohne Umschweife.
„Willst du dir was dazuverdienen? Du hättest nicht viel zu tun und nichts zu befürchten. Nur Tor und Tür aufmachen und dann wieder zu. Alles andere erledigen wir", versprach er.
„Und was genau soll hier passieren?", wollte Sievers wissen.
„Wir wollen bei dir Zigaretten zwischenlagern", meinte er. „Du hast eine große Wohnung und die Lage ist ideal."
„Zigaretten? Zwischenlagern?", frage der Totengräber. „Ein bisschen genauer bitte."
„Na ja, es geht nur um ein paar Stunden. Die Zigaretten sollen sich ja so schnell wie möglich in Luft auflösen, verstehst du?" Preißler lachte. „Die Fracht wird noch in derselben Nacht wieder abgeholt!"
„Verstehe. Von wem?"
„Von Zwischenhändlern. Es kommen jedes Mal so sechs oder sieben Kleintransporter."
„Was? Um wie viele Zigaretten geht es eigentlich?" Interessante Frage.
Da er gerade dabei war, sich mit der Zigarettenmafia einzulassen, wird es nicht um Peanuts gegangen sein.
„Es geht um Millionen geschmuggelter Glimmstängel …"
Sievers wäre um ein Haar vom Stuhl gerutscht, der am Fenster stand, von wo aus er das eiserne Friedhofstor im Blick hatte. Er hatte es vor einer halben Stunde abgeschlossen.
Als Laie, der er bisher ja war, hatte er mit dieser Menge nicht gerechnet.
Die Gewinne dürften sich in astronomischen Größenordnungen bewegen.
„Millionen?", echote Sievers.

„Jedes Mal. Immer eine Lkw-Ladung. Ein paar Tausend Stangen, mal mehr, mal weniger."

„Das muss ich erst mit Petra besprechen", erhielt Preißlers Plan einen Dämpfer.

Petra war Sievers Frau.

„Überlegt es euch. Pro Lieferung gibt es dreihundert oder vierhundert Mark, je nachdem, wie viele Zigaretten geliefert werden", versuchte er Sievers zu ködern.

Für dessen Verhältnisse war das viel Geld. Trotzdem.

„Na ja, nicht ein bisschen mehr? Wenn man bedenkt, dass das Risiko für mich hoch ist und hier Tausende von Stangen …", versuchte er zu feilschen.

Preißler schüttelte den Kopf.

„Es bleibt ja nicht bei einer Lieferung. Du kannst dich alle paar Wochen auf eine einstellen. Wenn das lange läuft …", meinte er verheißungsvoll.

„Schon klar."

Das Gespräch mit seiner 43-jährigen Frau Petra lief nicht wie von ihm erhofft. Ihr war absolut nicht wohl bei dem Gedanken, dass bei Nacht und Nebel Zigaretten in ihr Haus geliefert und kurz darauf in kleineren Portionen wieder abgeholt werden sollten. Das war alles illegal, kriminell und ging ihr gehörig gegen den Strich. Sie würden hier wie auf einem Pulverfass leben. Von einem Tag auf den anderen konnte ihnen ihre Existenz um die Ohren fliegen, gab sie zu bedenken.

Hinzu kam: Aus einem solchen Deal konnte man nicht einfach aussteigen, wenn man in den Urlaub fahren wollte oder einem die ganze Sache zu heiß werden sollte. Der endete erst, wenn die Bosse im Hintergrund das sagten. Und was passierte dann mit ihnen?

War nicht erst im August 1994 ein vietnamesischer Asylbewerber im Clara-Zetkin-Park erstochen worden? Der Täter lief noch immer frei herum. Wurde nicht ein Zusammenhang mit illegalen Geschäften wie solchen, auf die sie sich gerade einließen, vermutet? Und dann der tote Vietnamese in einem Waldstück bei Borna, im April 1994 per Kopfschuss hingerichtet. Der Mann soll in der Hierarchie der Zigarettenmafia weit oben gestanden haben. Nicht einmal diese Leute wurden verschont. Ein ähnlicher Hintergrund wurde auch im Fall eines ebenfalls im April 1994 getöteten Vietnamesen in Leipzig-Lindenau vermutet.
Sie war total dagegen und riet ihrem Mann eindringlich davon ab. Ob er denn überhaupt eine Ahnung davon habe, wo sie da hineingerieten und dass es sogar lebensgefährlich werden könnte? Diese Leute fackelten nicht lange.
Doch ihm war das egal. Ihn lockte das Geld, die blauen Scheine mit der hübschen Klavierspielerin.
Das war ein Stundenlohn, von dem er bisher nur träumen konnte! Auch seinem 20-jährigen Sohn Volker war der lukrative Nebenverdienst willkommen.
Der Totengräber sagte zu und besiegelte den Bund mit der Zigarettenmafia.
Es gab kein Zurück.

Der illegale Handel mit Zigaretten war die eine Sache, das Schleusen von Menschen eine ganz andere. Und doch gehörte beides irgendwie zusammen. Das Fußvolk für den Straßenverkauf in den ostdeutschen Städten wurde direkt auf den vietnamesischen Reisfeldern rekrutiert und nach Europa gebracht, dann bei Nacht und Nebel über die Grenze nach Deutschland geschleust. Die Leute kamen freiwillig mit. Man musste sie nicht zwingen. Motivation für die lange und kostspielige Reise war ein wunderschönes Bild, das die Schleuser vom Leben hierzulande in den Köpfen ihrer umworbenen Landsleute pflanzten. Beispielsweise in Leipzig angekommen, fanden sich die ehemaligen Reisbauern als Asylbewerber wieder und hielten sich, oft genug mit falschen Papieren, halbwegs legal in der Messestadt auf. Hier sollten sie nur die illegalen Glimmstängel an den Mann oder an die Frau bringen. Und es gab Händler, die dabei nicht schlecht verdienten. Solange sie die geforderten Standgebühren und das Schutzgeld regelmäßig bezahlten, passierte ihnen nichts.

Zu den alltäglichen Gefahren, zu denen aus ihrer Perspektive Zoll und Polizei gehörten, kam Mitte der Neunzigerjahre eine Bedrohung hinzu, die ihnen nicht nur die Suppe gehörig versalzen konnte, sondern oft genug tödlich endete.

Der Haken an der Sache war nämlich, dass es zu dieser Zeit mehrere vietnamesische Gangs gab, die auch in Leipzig mit ihren Leuten Fuß fassen und sich einen lukrativen Markt erschließen wollten, inklusive der Schutzgelderpressung, um die es dabei vor allem ging. Sie waren straff, fast schon militärisch organisiert. Und keiner gönnte dem anderen auch nur eine Straßenecke. Und das bedeutete, dass die konkurrierenden Banden sich ab 1994 vor allem in Ostdeutschland, besonders in Berlin und Leipzig, einen blutigen Krieg lieferten! Die Gewinnaussichten bei einem Sieg waren beträchtlich und die Vorgehensweise entsprechend knallhart. Da fackelte man nicht lange … Mord war zu jener Zeit eine gängige Option.

Im Mai 1995 war es dann so weit. Mirko Preißler bekam per Funktelefon die Ankunftszeiten für die erste Lieferung mitgeteilt. Angeblich hatte er keine Ahnung, wer die Auftraggeber im Hintergrund waren und wo sie ihre Büros hatten. Er verriet auch nicht, ob das Asiaten waren, Deutsche oder ob sie aus einem anderen Land stammten, was man ja an Sprache, Aussprache oder Akzent hätte erkennen können. Von Preißler kam diesbezüglich kein Wort.

War ihm die Identität diese Leute tatsächlich unbekannt? Immerhin möglich, dass diese sich bedeckt hielten. Sollte die Polizei ihn festnehmen oder die Konkurrenz ihn kidnappen, hätte er nichts zu erzählen, egal, wie stark man ihn unter Druck setzen, welche Versprechungen man ihm machen oder was man sonst mit ihm anstellen würde. Er könnte nichts und niemanden verraten und wäre letztlich nur ein kleines Rädchen, das aus dem großen Getriebe gefallen sein würde, ohne Schaden anzurichten.

Die freigewordene Stelle würde einfach neu besetzt.

Preißler, Sievers und dessen Sohn erwarteten ab etwa 23 Uhr die Ankunft der Zigarettenlieferung. Darüber hinaus waren zwei, drei asiatische Männer vor Ort, die beim Ent- und Beladen der Fahrzeuge anpacken sollten. Beide Gehilfen waren Ende zwanzig. Ein weiterer Mann mit fernöstlichem Aussehen fuhr im nagelneuen Mercedes vor und schien auf den gesamten Ablauf der Aktion ein wachsames Auge zu haben. Er war etwa Mitte dreißig. Sievers hatte den Eindruck, dieser schweigsame Mann wäre der Boss der gesamten Aktion, eine Art Regionalleiter für den illegalen Handel mit Zigaretten.

Man wartete gemeinsam auf die Ankunft des Lkws. Petra Sievers war nervös und hatte im wahrsten Sinne des Wortes kalte Füße bekommen. Immerhin standen sie jetzt unwiderruflich, bis dass der Tod oder der Knast sie scheiden würde, auf der Gehaltsliste der fernöstlichen Zigarettenmafia, und das war zumindest für Petra Sievers kein gutes Gefühl. Sie ging ins Haus.

Das gusseiserne Eingangstor stand offen.

Kurz vor Mitternacht endlich bog das Lieferfahrzeug, ein Lkw mit Bremer Kennzeichen, in die spärlich beleuchtete Zufahrtsstraße ein, manövrierte sich durch die schmale Torzufahrt und stellte sich dann so auf den breiten Platz zwischen Wohnhaus und Trauerhalle, dass die Ladefläche nah am Haus war.
Es sprach niemand, jeder wusste, was er zu tun hatte. Auch Fahrer und Beifahrer, zwei Polen, packten mit an.
Hunderttausende unversteuerte Zigaretten, in Schachteln und die in Stangen verpackt, wurden nun für die nächsten Stunden in der Dienstwohnung, im Keller und in der Garage des Totengräbers zwischengelagert.
Eine heikle Situation. Die ganze Wohnung war quasi bis unter die Decke mit Beweisen für Steuerhehlerei vollgestopft. Wenn das der Zoll wüsste …
Nachdem der leere Lkw weggefahren war, wurden die asiatischen Kleinhändler informiert, damit sie ihren Teil der Fracht abholten, um die Zigaretten auf der Straße zu verkaufen. Das alles war gut organisiert. Im Abstand von zehn Minuten kamen nun sieben Fahrzeuge auf den Nordfriedhof, luden ihre Ladung ein und fuhren wieder weg.
An den Nummernschildern sah Sievers, dass die Händler aus Leipzig und der Umgebung kamen.
Bereits nach wenigen Stunden waren alle Beweise für die Straftat des Totengräbers und seiner Familie verschwunden. Sie konnten ruhig schlafen und hatten 400 Mark mehr im Portemonnaie.
Der lukrative, aber auch nervenaufreibende Nebenjob war gut angelaufen. Im Durchschnitt alle zwei Wochen funktionierte Sievers von nun an den Leipziger Nordfriedhof zum Umschlagplatz für heiße Ware um. Es gab keine Komplikationen. Alle Aktionen im Frühjahr, Sommer und Herbst liefen glatt über die Bühne.

Und dann kam der 11. Dezember 1995. Der erste richtige Wintertag in jenem Jahr. Die Temperaturen lagen leicht unter dem Gefrierpunkt. Der Himmel war bedeckt, den ganzen Tag über hatte es immer wieder Schneeschauer gegeben.
Die Leipziger Zollfahndung hatte einen anonymen Tipp bekommen und legte sich am Abend auf die Lauer. Mitten in der Nacht rollte die Lieferung an.
Die Beamten warteten, bis die Situation eindeutig war. So beobachteten sie, wie der Lkw mit Bremer Kennzeichen an das Wohnhaus fuhr, wie er entladen und die Zigaretten in das Zwischenlager gebracht wurden. Erst als die Ladefläche des Fahrzeugs fast leer und ein Großteil der Ware im Haus war, kamen sie aus der Deckung und verhafteten alle anwesenden Schmuggler.
Der Traum vom lukrativen Nebenverdienst war für die Sievers ausgeträumt. Und nicht nur das: Ihre gesamte Existenz hatten sie sich, wie von Petra Sievers befürchtet, quasi über Nacht zerstört.
Es wurden 1,8 Millionen Zigaretten sichergestellt.
Die kleinen Händler aus Leipzig und dem Umland ließen sich nie wieder hier blicken. Es war niemand mehr da, der sie informieren konnte und die Zigaretten zwischenlagerte.
Die ertappten Verbrecher wurden in Gewahrsam genommen.
Die Verhöre begannen.
Im Gegensatz zu den Männern aus Fernost und den beiden Lkw-Fahrern waren die Sievers sehr gesprächig. Sie nahmen kein Blatt vor den Mund. Ihre Geständnisse waren umfassend. Die Ermittler erhielten einen gewissen Einblick in die Funktionsweise des Netzwerks, aber nur bis zu einem bestimmten Punkt. Über die Ebene der Auftraggeber und Hintermänner konnten sie gut wie nichts in Erfahrung bringen. Entweder stand hier eine „Mauer des Schweigens", für die es auch auf Vietnamesisch einen geflügelten Begriff

gab. Oder diese Ebene schottete sich erfolgreich gegen Nachforschungen ab, indem sie tatsächlich im Dunkeln blieb.
Auch zu den Straßenhändlern erhielten die Ermittler keinen Zugang. Was aber auch nicht weiter ins Gewicht fiel. Denn denen konnte man täglich auf der Straße begegnen.
Bei den Vernehmungen kam auch heraus, dass die Schmuggler von Mai bis zu ihrer Verhaftung im Dezember 1995 rund 20 Millionen Zigaretten auf dem Nordfriedhof zwischengelagert hatten. Der auf dieser Grundlage geschätzte Steuerschaden betrug 4,8 Millionen Mark. Für Steuerhehlerei in dieser Größenordnung gab es normalerweise acht bis neun Jahre Haft, für jedes der kleinen Rädchen im großen kriminellen Getriebe.
Allerdings war die Anklage von einem wesentlich größeren Zigarettenumschlag und damit von einem höheren Schaden ausgegangen. Der ließ sich aber nicht nachweisen. Die Grundlage für den Prozess war die Aussage der Familie Sievers.

In der Zeit, als der Totengräber vom Nordfriedhof im Gefängnis auf seinen Prozess wartete, geschahen im April und Mai 1996 in Leipzig vier weitere Morde an jungen Männern aus Fernost. Den Auftakt bildet eine nächtliche Schießerei am 20. April in Anger-Crottendorf. Eine Gruppe Asiaten geriet in einer Wohnung in der Hans-Sachs-Straße in Streit. Offenbar hatte jeder eine Waffe dabei. Als der Streit eskalierte, zogen sie ihre Schießeisen und machten sich gegenseitig die Hölle heiß. Die einen flohen aus der Wohnung, die anderen rannten hinterher. Auf der Straße ging es dann weiter. Vor den Augen der Bewohner lieferten sie sich eine Straßenschlacht. Das Ergebnis: drei Schwerverletzte und ein Toter. Die Ermittler staunten nicht schlecht, als sie dessen Identität herausfanden. Dieser wurde in Halle wegen des Mordes an einer

27-jährigen vietnamesischen Zigarettenverkäuferin gesucht, die erst wenige Tage zuvor ums Leben gekommen war. Was hatte ihn nach Leipzig geführt, ein weiterer Mordauftrag? Nun hat er selbst den Tod gefunden. Seine Mörder, Landsleute einer verfeindeten Gruppe von Schutzgelderpressern, wurden 1998 in Leipzig zu langen Haftstrafen verurteilt. Am 8. Mai dann ein weiterer Mord. Auf dem Lindenauer Karl-Heine-Platz fanden Jugendliche einen Vietnamesen zusammengesackt auf einer Bank, wenige Stunden zuvor hingerichtet mit einem aufgesetzten Kopfschuss. Am 17. Mai dann die nächste Schreckensnachricht. In einem asiatischen Großmarkt in der Raschwitzer Straße wurde auf einem Gang ein Toter entdeckt, ebenfalls mit einem Kopfschuss niedergestreckt. Nur zehn Tage später, am 27. Mai, tauchte die letzte Leiche der Leipziger Serie auf. Sie wurde auf dem Parkplatz einer Gohliser Kleingartenanlage gefunden. Der Tote, auch er war wie alle anderen Opfer ein Asylbewerber, saß gefesselt auf dem Rücksitz seines ziemlich teuren Fahrzeuges, ebenfalls per Kopfschuss exekutiert.

Danach schien der blutige Konflikt um Schutzgelderpressung vorbei zu sein. Jedenfalls gab es keine weiteren Toten, soweit bekannt. Es kehrte Ruhe ein. Eine Friedhofsruhe.

Bis auf Petra Sievers blieben alle Angeklagten bis zum Prozess in Haft. Da die Frau des Totengräbers nur zweimal beim Umschichten der Zigaretten mitgeholfen hatte und sie mit einer eher geringen Strafe rechnen konnte, kam sie auf freien Fuß. Weil Sohn Volker bei den nächtlichen Aktivitäten sehr fleißig gewesen ist und jedes Mal mit anpackte, blieb er wie auch sein Vater hinter schwedischen Gardinen. Die Strafen, die sie zu erwarten hatten, waren so, dass Fluchtgefahr bestand.

Die Staatsanwaltschaft honorierte jedoch die Kooperation der

Sievers und beantrage für die beiden Männer Haftstrafen von etwas mehr als drei Jahren und für Petra Sievers anderthalb Jahre auf Bewährung. Das Gericht folgte den Anträgen.
Damit waren Vater und Sohn gut bedient. Die Strafen hätten, wie erwähnt, auch deutlich höher ausfallen können.
Zum Schluss machte der Richter noch seiner Verwunderung über den Leichtsinn des Totengräbers Luft.
„Ja, haben Sie eigentlich gewusst, worauf Sie sich da einlassen? So viele Tötungsverbrechen gab es schon!", sagte er zu Sievers. Der Richter spielte wohl nicht nur auf die Leipziger Morde an. Denn auch in Berlin, Halle und in anderen ostdeutschen Städten und Regionen tobte die blutige Fehde, der letztlich einhundert Personen zum Opfer fielen.
Zigaretten hatten auch in diesem Zusammenhang die Bedeutung von Sargnägeln erlangt.
„Ich konnte es mir denken", meinte der Angeklagte lapidar. Das war alles.
Doch selbst mit der Verkündung des Urteils war das Verfahren für ihn längst nicht ausgestanden. Ein Termin stand noch bevor: Er sollte gegen den Mercedes-Mann als Zeuge gehört werden.
Eine heikle Angelegenheit …
Die bislang härteste Strafe erhielt mit vier Jahren Gefängnis der Mittelsmann Mirko Preißler. Seine vietnamesische Freundin tauchte in diesem Fall nicht weiter auf. Einer der beiden Polen, die hinter dem Lenkrad des Schmuggelautos saßen, musste für zwei Jahre ins Gefängnis. Das Verfahren gegen den anderen Polen fand zu einem späteren Zeitpunkt statt.
Was passierte nun aber mit den drei Männern aus Fernost?
Die saßen im Gefängnis und sagten nichts.
Der Prozess gegen sie begann im Januar 1997.

Auch vor Gericht waren sie nicht viel gesprächiger. Nur einer der Gehilfen räumte ein, beim Ausladen der Zigaretten gelegentlich mitgemacht zu haben. Seine beiden Landsleute nahm er in Schutz. Sie wären nie dabei gewesen. Na ja, vielleicht bis auf das eine Mal, als sie geschnappt wurden. Aber sonst nie! Die beiden anderen nickten zustimmend mit den Köpfen, machten ansonsten aber keine weiteren Angaben. Ein kleines Kasperletheater.

Und nun kamen Vater und Sohn Sievers ins Spiel.

Die Sievers hatten bei den Vernehmungen übereinstimmend ausgesagt, dass sie den älteren der drei Asiaten für den „obersten Chef der Leipziger Zigarettenmafia" hielten. Was für ein Fang! Mal kein kleiner, mickriger Fisch, sondern ein etwas größerer. Das Gericht benötigte diese stark belastende Aussage auch noch mal, um den Mann entsprechend zur Rechenschaft zu ziehen. Doch das war offenbar nicht so einfach wie gedacht.

Vater und Sohn Sievers saßen ihre Strafe in einem sächsischen Gefängnis ab, nordöstlich von Leipzig. Der Mann, den sie für den Boss der Leipziger Zigarettenmafia hielten, saß im selben Gefängnis ein. Ende 1995 war der Mann wegen einer anderen, zurückliegenden Steuerhehlerei zu einer mehrjährigen Haftstrafe verurteilt worden und saß seit seiner Festnahme am 11. Dezember 1995 in Haft. Vorher hatte es offenbar keinen freien Platz gegeben. Alle drei Männer liefen sich beim täglichen Hofgang über den Weg. Dass sie sich dabei freundlich gegrüßt haben, darf wohl bezweifelt werden. Denn dem Asiaten drohte nun ein heftiger Nachschlag. Als Boss der gesamten Unternehmung hätte er möglichweise eine Haftstrafe von acht oder neun Jahre bekommen, vielleicht sogar noch mehr.

Doch vor Gericht ruderten beiden Hauptbelastungszeugen mit voller Kraft zurück.

„Das war nur meine Vermutung, weil der einen großen Mercedes fuhr", entschuldigte sich der junge Sievers.
Auch sein Vater trat den geordneten Rückzug an. „Kann sein, dass ich mich damals vertan habe."
Der Mann habe die Ladung nicht kontrolliert, nicht akribisch nachgezählt oder Ähnliches. Das war alles ein großer Irrtum. Nichts für ungut.
„Dann haben Sie beide den Mann wohl falsch verdächtigt?", resümierte der Richter und sah die Angeklagten fragend an.
Das könne man durchaus so sagen, stimmten die Sievers ihm fast erleichtert zu, und damit war ihr Auftritt vor Gericht beendet. Sie wurden ins Gefängnis zurückgebracht.
Der Verteidiger der drei Vietnamesen hatte allerdings Zweifel bezüglich der Schadenshöhe. Während der Totengräber und seine Familie für einen Schaden in Höhe von 4,8 Millionen Mark verurteilt wurden, beantragte der Anwalt ein Gutachten, dass die tatsächliche Schadenshöhe erst einmal ermitteln sollte. Für die Strafhöhe wäre das wichtig. Das Ergebnis lautete 3,5 Millionen Mark Schaden. Also niedriger, als von der Anklage veranschlagt und wofür die Sievers verurteilt wurden.
Aber auch die Strafen für die drei Männer aus Fernost betrug einige Jahre.
Als angebliches kleines Rädchen, als das sich der mutmaßliche Boss vor Gericht stilisierte, unterstützt von seinen Gehilfen und letztlich auch von den Sievers, kamen zu seiner Vorstrafe noch mal knapp vier Jahre hinzu.
Die höchste Strafe bekam der geständige Gehilfe. Er musste für fast sechs Jahre ins Gefängnis, wegen gemeinschaftlicher und gewerbsmäßiger Steuerhehlerei. Der Dritte im Bunde bekam immer-

hin dreieinhalb Jahre Haft. Seine Beteiligung schätzte das Gericht als gering ein. Dafür war die Strafe dann aber doch ziemlich hoch. Das Wohnhaus auf dem Nordfriedhof steht seit jenem Tag im Dezember 1995 leer.
Die Sievers kamen nach Verbüßung der Haft wieder auf freien Fuß. Sie hatten den Ermittlern viel verraten, vielleicht zu viel …

Über diesen Tatort ist tatsächlich Gras gewachsen

DER TERROR AM NACHMITTAG

Ralf Mitzler war ein Mensch, den man landläufig als Galgenvogel bezeichnen würde. Eine geregelte Arbeit schien Gift für ihn zu sein. Mit so etwas ließ er sich nicht ein und machte einen weiten Bogen darum, als würde er davon krank werden. Dennoch musste er früh aus den Federn. Ausschlafen war selten drin. Der Wecker schrillte beizeiten.

Um die Mittagszeit hatte er fast täglich Termine. Die waren wichtig für ihn, überlebenswichtig.

Zuvor hatte er noch etwas anderes zu erledigen, zwei- oder dreimal die Woche und immer gegen halb neun. Das durfte er auf keinen Fall verpassen!

Ansonsten wäre es ihm schlecht ergangen …

Seit das Gestrüpp Blätter bekommen hatte, fiel Ralf Mitzler neben den Büschen und Bäumen nicht mehr so auf. Er sah zum Schulgebäude der 92. Oberschule herüber und nippte zwischendurch an einer Bierflasche. Der Plattenbau aus den Achtzigerjahren stand in so einer Planetenstraße in Leipzig-Grünau. Jupiter, Mars, Uranus oder so. Für den genauen Straßennamen hatte er sich noch nie interessiert. Eine Tankstelle war in der Nähe, auch eine Grundschule. Der 26-jährige Verbrecher stand neben einem schmalen Baumstamm und hatte die Treppe im Blick, die aus dem Schulgebäude

führte. Die war keine hundert Meter entfernt und derzeit genauso leer wie sein Portemonnaie.
Mitzlers Armbanduhr zeigte kurz vor halb zwei. Sein Opfer hatte bald Schulschluss.
Er sah sich um. Weit und breit war niemand zu sehen. Doch bald würde der Unterricht zu Ende sein und die Schulklingel losschrillen. Dann würde es hier von Schülern und Lehrern nur so wimmeln. Noch war es nicht so weit. Erst wenn die Klingel loslegte, würde er gehen. Dann war noch genügend Zeit, zu verschwinden und den Treffpunkt aufzusuchen. Er wäre auf jeden Fall vor Maik da.
Aber es war eine Angewohnheit von ihm, in aller Stille, wenn niemand da war, seine Blicke über den Schulhof, an dem Gebäude entlang schweifen zu lassen. So richtig wusste er selbst nicht, warum er das eigentlich tat.
Falls allerdings Maik ihn vom Fenster aus entdeckte, wusste der gleich, dass Mitzler, wie er es vor ein paar Tagen „versprochen" hatte, da wäre. Der Junge wusste auch, was ihm blühen würde, sollte er mit leeren Händen kommen.
Vielleicht war es ja das. Präsenz zeigen, dem Achtklässler Angst einjagen. Und niemand konnte ihn daran hindern. Er konnte tun und lassen, was er wollte, glaubte er.
Die eigentliche Tat würde dann, logisch, im Verborgenen stattfinden, wie immer am Gestrüpp bei den Müllcontainern, ein paar Schritte vom Schulgebäude entfernt. Und wenn doch jemand vorbeikommen würde – kein Problem. Er war auch darauf vorbereitet. Dann machten sie eben einen auf gute Freunde, großer und kleiner Bruder oder irgend so etwas. Doch wenn Maiks Nase bluten oder seine Lippen aufgeplatzt sein würden, wäre das nicht

so gut. Zu auffällig. Die besorgten Blicke einerseits und die misstrauischen andererseits … In dieser Situation müsste er wieder so tun, als würde er Maik helfen. Armer Junge und so.
Blut und blaue Flecken – das sollte nicht noch einmal passieren, nahm er sich vor.
Er kannte andere Methoden, dem Jungen Druck zu machen, falls er heute wieder mit leeren Händen dastehen sollte. Ein Tritt in den Hintern oder ein Schlag in die Magengrube hinterließen keine äußeren Spuren. Prellungen an den Rippen fielen auch nicht gleich auf, ebenso wenig wie Kopfnüsse.
Mitzler hatte keine Ahnung, wo Maik immer mal wieder fünfzig, manchmal sogar hundert Mäuse herhatte, die er von ihm erpresste, damit der Schüler eine Weile seine Ruhe hatte und keine Schläge bekam. So viel Taschengeld würde sein Opfer kaum bekommen, oder? Klaute er es seinen Eltern? Arbeitete er nebenbei vielleicht als Zeitungsausträger oder so? Besaß er ein prall gefülltes Sparschwein, hatte er spendable Großeltern? Oder hatte er bei ihm, Mitzler, gelernt, wie man zu Geld kam, und raubte Klassenkameraden oder ein paar Grundschüler aus? Apropos, Grundschüler, die konnten ihm gestohlen bleiben. Ehrlich. Bei denen hatte Mitzler es auch schon mal probiert. Aber die hatten genauso wenig Geld im Portemonnaie wie er selbst. Und die weinten so schnell und erzählten alles gleich ihren Eltern. Bei Lehrlingen lohnte es sich eher. Die hatten beides: Schiss und Geld. Das war eine gute, erfolgversprechende Mischung, fand Mitzler.
Aber Maik war auch eine gute Adresse.
Zynismus und Rücksichtslosigkeit waren für Mitzler vollkommen normal und alltäglich. Es fiel ihm wohl nicht einmal auf. Er dachte sich nichts weiter dabei. Mitzler war es herzlich egal, wo die Piepen

herkamen. Hauptsache, er bekam das Geld, das er verlangte. Nur das zählte für ihn. Je schwächer das Opfer, desto weniger zickte es herum, brachte er seine Devise auf den Punkt.
Nicht nur die Worte, die der Richter später für diese Schäbigkeit finden würde, waren deutlich.
Bei einem Erwachsenen hatte Mitzler sich auch schon mal getraut. Aber: Einmal und nie wieder! Das war sein Resümee des Scheiterns. Das musste er zugeben. Der hatte ihn ausgelacht, überhaupt nicht ernst genommen. Metzler war so aufgeregt gewesen, dass er gestottert hatte.
„Geh doch Flaschen sammeln!", hatte der Kerl ihm zugerufen und ihn stehen gelassen. Einfach so.
Das würde er sich nicht noch einmal antun. So ein Scheißkerl aber auch! Und dann hatte er noch mit einer Anzeige gedroht.
Den schmächtigen Maik konnte er von oben herab in Furcht und Schrecken versetzen. Eine Art Einbahnstraße der Angst war da entstanden. Sollte Maik oder all die anderen nicht spuren, schnellte Mitzlers Faust einfach mal vor. Ohne Anstrengung und Gegenwehr. Und Hemmungen waren bei Mitzler nicht vorhanden. Für ihn galt das Recht des Stärkeren.
Kindern war er physisch natürlich überlegen, haushoch sogar. Deswegen hatte er sie ja als Opfer ausgewählt.
Die Schulklingel schepperte jetzt los.
Hinter der verglasten Tür stand ein Mann, der aufmerksam zu ihm herüberzusehen schien. Mitzler erschrak.
Wie lange hatte der schon so dagestanden? Musste Mitzler sich Sorgen machen?
Er zog sich eilig zum vereinbarten Treffpunkt zurück. In ein paar Minuten würde auch Maik da sein.
Dutzende von Schülern, die nach Hause wollten, drängten sich aus

dem Gebäude, liefen die Treppe hinunter und gingen dann in verschiedene Richtungen davon. Mitzler hatte das alles einigermaßen im Blick. Vor allem hielt er Ausschau nach Maik. Er würde ihn von Weitem erkennen. Die anderen interessierten ihn nicht, jedenfalls jetzt noch nicht. Der Junge kam immer ein bisschen später aus dem schützenden Betonkasten heraus, und eilig hatte er es auch nie gehabt. Er war immer langsam, widerstrebend zu ihm hingegangen, als würde er es am liebsten gar nicht tun.

Das hatte Mitzler immer genervt.

Er wartete am Containerplatz, an diesem Tag allerdings viel länger als sonst. Wo blieb Maik? Was war da los? Weglaufen war für den Jungen zwecklos. Es war sinnlos, sich zu drücken. Das wusste der doch! Dann würde Mitzler morgen wieder hier stehen und übermorgen… Der Terror für Maik nähme kein Ende. Außerdem wusste er längst, in welchem Plattenbau Maik wohnte.

Nicht nur der Gestank aus den Müllbehältern raubte dem Erpresser den letzten Nerv.

Er hatte nicht ewig Zeit. Außerdem könnte er auffallen.

Dann endlich sah er ihn. Fast alle anderen Schüler waren längst fort. Wie immer langsam gehend und ängstlich in seine Richtung blickend, kam Maik näher. Mitzler beobachtete ihn angespannt, vermischt mit einer gewissen Vorfreude. Wenn Maik einen Hunderter dabeihatte, würde nichts weiter passieren. Bei einem Fünfziger gäbe es nur ein paar Schläge, damit er das nächste Mal mehr mitbrachte. Käme er mit leeren Händen, würde er Maik in irgendein Gebüsch zerren und richtig verdreschen.

Mitzler hatte noch nicht bemerkt, dass sich hinter seinem Rücken etwas zusammenbraute.

Maik hatte den Räuber fast erreicht und dieser kam dem Teenager ungeduldig entgegen.

„Da wären wir also“, sagte der Verbrecher und hielt die Hand auf. Maik legte einen Hunderter hinein, ohne Mitzler dabei anzusehen. Während dieser seine Beute in die Hosentasche stopfte, passierte etwas für ihn Unerwartetes. Eine Pranke packte den Kerl in den Nacken und drückte ihn zu Boden. Dem Gauner kam es so vor, als hätte ihn ein Bär oder so etwas geschnappt. Genauso groß war sein Schrecken. Die Luft blieb ihm kurz weg.

Erst dann konnte er sich fragen, was hier eigentlich los war.

Die Sache war ganz einfach. Maik hatte sich einem Lehrer offenbart und der die Polizei informiert.

Sie wollten den Räuber auf frischer Tat ertappen – und das hatte geklappt.

„Polizei, Sie sind festgenommen!“, stellte sich der Mann mit der Pranke vor.

Verdammter Mist, er hätte abhauen sollen, als er den Typ hinter der Türverglasung gesehen hatte, dachte der Gauner sofort. Jetzt war es zu spät.

Im Mai 1993 landete der gelernte Maurer Ralf Mitzler in Untersuchungshaft.

Die Ermittler staunten nicht schlecht, was für ein Ganove ihnen da ins Netz gegangen war. Das Erstaunlichste: Mitzler stand bereits mit einem Bein im Gefängnis, auch ohne die an Maik begangenen Straftaten. Bereits Ende 1992 hatte ihn ein Gericht wegen Diebstahls und Körperverletzung zu einer Gefängnisstrafe von vier Jahren und drei Monaten verurteilt.

Der Mann müsste sich längst in Haft befinden und in einer Zelle schmoren.

Warum war er in Freiheit und konnte einen Teenager in Grünau terrorisieren? War er aus dem Gefängnis getürmt oder vor Antritt der Haftstrafe untergetaucht oder hatte man ihn einfach vergessen? Das alles sollte es schließlich geben.

Doch die Sache verhielt sich ganz anders.

Der Mann war zwar verurteilt worden, befand sich aber gegen Auflagen auf freiem Fuß. Der Grund war eine Haftverschonung. Gesundheitliche Probleme kamen dafür infrage oder eine Überbelegung der Haftanstalten. Was im Falle von Ralf Mitzler den Ausschlag gegeben hatte, war nicht bekannt. Jedenfalls musste er sich mehrmals in der Woche bei der Polizei melden. Immer gegen halb neun. Dieser Umstand konnte ihn nicht daran hindern, anschließend einer kriminellen Tätigkeit nachzugehen, um an Geld zu kommen. Maik war nicht sein einziges Opfer.

Was die Polizei während ihrer Ermittlungen zutage förderte, war haarsträubend. Knapp fünf Monate lang terrorisierte er Schüler und Lehrlinge, vor allem aus Grünauer Mittel- und Berufsschulen.

Es lagen bereits einige Anzeigen vor, die sich auf ihn bezogen, als er namentlich noch nicht bekannt war. Ein Zeugenaufruf brachte weitere Straftaten ans Licht.

Er drohte den Kindern und Teenagern massiv, um Geld von ihnen zu erpressen.

Meistens erklärte er den Schülern, dass er von ihnen Schutzgeld eintreiben würde. „Wenn du nicht zahlst, dann brennt dir der Arsch“, war einer der Sprüche, mit denen er drohte, um sie gefügig zu machen.

Eine andere Drohung lautete: „Wenn du nichts zahlst, schlage ich dich zusammen.“

Aber er drohte ihnen nicht nur, sondern schlug ja tatsächlich zu.

Einmal soll er sogar mit Mord gedroht haben, was er vor Gericht aber bestritt. Er hätte „lediglich“ geschlagen. Er würde doch nie-

mandem mit Mord drohen! – Als wäre er ein Verbrecher, für den Grenzen existierten.
Die Gewalt kam nicht von ungefähr.
„In der Szene gelte ich als Gewalttäter", charakterisierte er sich selbst. Er schien sogar stolz darauf zu sein. Sein Anwalt erklärte, warum das so war: „Als Arbeitsloser, der aus dem Gefängnis kam, war er keine große Nummer. Aber bei seiner Clique fand er Anerkennung."
Demnach schienen die Erzählungen von erpressten und verprügelten Kindern in der Runde gut anzukommen. Wurde gelacht, bis die Tränen kamen?

Der Richter verurteilte ihn im Mai 1994 wegen räuberischer Erpressung, Nötigung und Körperverletzung zu weiteren sechs Jahren und drei Monaten Gefängnis. Dass er während der Haftverschonung Verbrechen verübt hatte, wirkte strafverschärfend. „Schutzgelderpressung ist besonders hässlich. Umso verabscheuungswürdiger, da die Opfer erst 13 bis 17 Jahre alt waren", begründete der Richter das hohe Strafmaß. Eine Haftverschonung kam jetzt nicht mehr infrage. Für Ralf Mitzler gab es irgendwo noch eine freie Zelle – garantiert hundertprozentig!
Die 92. Oberschule wurde um die Jahrtausendwende abgerissen. Heute befindet sich an deren Stelle eine Wiese.

DAS RÄTSEL DER VERSCHLOSSENEN TÜR

Mittwoch, 11. Mai 1994, ein Tag vor Christi Himmelfahrt. Der Supermarkt in der Schönefelder Gorkistraße war brechend voll. Vor dem Feiertag und dem darauffolgenden Brückentag erledigten viele Leute noch schnell ein paar Einkäufe. Was zum Grillen, Naschen und alkoholische Getränke waren der Renner vor dem freien Tag, der sich erholsam im Garten oder irgendwo im Grünen verbringen ließ. Die Wetteraussichten waren super. Die langen Schlangen an den Kassen wollten nicht schrumpfen. Quälend langsam ging es voran. Laut war es hier, aber nicht nervig. Die Leute waren entspannt und schienen sich auf die bevorstehende freie Zeit zu freuen.
Irgendwo in dem Gedränge standen auch zwei Männer. Einen Korb hatten sie nicht dabei. Jeder hielt eine Büchse Bier in der Hand. Für mehr hatte es nicht gereicht.

Samstag, 14. Mai 1994. Am Vormittag besuchte Richard Krämer seine Mutter, die nahe des Mariannenparks in der Paul-Heyse-Straße 33 lebte. Der Sohn der rüstigen 85-jährigen Dame klingelte, doch niemand öffnete. Als schwerhörig kannte er seine Mutter eigentlich nicht. Schlief sie vielleicht noch? Aber es war schon nach zehn. Um diese Zeit, wusste er, hatte sie bereits ihren Einkauf erledigt. Er klingelte noch einmal, dann klopfte er und lauschte an der Tür der Erdgeschosswohnung. Nichts, keine Reaktion, kein Geräusch. Eben nichts.

Er zog nun seinen Schlüsselbund aus der Tasche, an dem auch ein Schlüssel für diese Tür hing. Das hatten sie so geregelt, auch für Situationen wie diese. Er schob den passenden Schlüssel ins Schloss und öffnete die Tür. Kaum stand er im Flur, war klar, dass hier etwas nicht stimmte. Die Schubladen der Flurkommode waren herausgerissen und lagen auf dem Boden. Der Inhalt war über den Teppich verstreut. Im Wohnzimmer und in der Küche sah es nicht anders aus. Hier hatte jemand die Wohnung auf den Kopf gestellt! Allein der Gedanke, dass seine Mutter das selbst gewesen sein könnte, war absurd!

Alles hatte seit Jahrzehnten in der Wohnung seinen angestammten Platz und den kannte sie. Sie hatte keinen Grund, in ihren eigenen vier Wänden herumzuwühlen.

Doch wo war sie?

Bisher vernahm er kein Lebenszeichen und das bedeutete ganz sicher nichts Gutes.

Und dann entdeckte er sie: im verwüsteten Schlafzimmer, leblos auf dem Bett liegend. Als er ihre eisige Stirn berührte, gab es für ihn keinen Zweifel daran, dass sie tot war.

Er rief die Polizei, die schnell vor Ort war.

Dass eine betagte Frau plötzlich tot umfiel, kam häufig vor. Herzattacken, Schlaganfälle, Kreislaufversagen waren ständige Gefahren. Doch einen natürlichen Tod schlossen die Beamten angesichts der Begleitumstände aus. Noch am selben Tag fand eine Obduktion statt, die den Verdacht bestätigte. Die Rentnerin wurde mutmaßlich erstickt. Das Tatwerkzeug war ein Kissen oder etwas Ähnliches. Man hatte Fasern gefunden.

Montag, 16. Mai 1994. Eine Sache bereitete den Kriminalisten gleich zu Beginn der Ermittlungen Kopfzerbrechen. Es gab keine Einbruchsspuren.

Das könnte bedeuten, dass die alte Dame den oder die Täter selbst hereingelassen hatte.

Doch ein ganz spezieller Umstand ließ an dieser Variante Zweifel aufkommen. Der Sohn der Getöteten hatte berichtet, dass die Tür nicht nur zugezogen, sondern abgeschlossen war, als er sie öffnete. Das Abschließen der Tür musste nach der Tat und von außen passiert sein. Liselotte Krämer lag tot in ihrer Wohnung und der Schlüssel neben ihr. Sie konnte das also nicht gewesen sein. Die Polizei schlussfolgerte, dass als Täter nur jemand infrage kam, der ebenfalls einen Schlüssel besaß. Und eventuell auch selbst aufgeschlossen hatte?

So gerieten die Familienangehörigen in den Fokus der Ermittlungen.

Und das war Pech für den 21-jährigen Enkel der Getöteten. Bei seiner Befragung kam heraus, dass er einen Nachschlüssel besaß, von dem niemand etwas gewusst hatte. Das allein hätte wohl schon einen dringenden Tatverdacht gerechtfertigt. Hinzu kam aber, dass er am Tattag, den die Obduktion ermittelt hatte, dem 11. Mai 1994, tatsächlich auch vor Ort gewesen war. Er hatte seine Oma zu einem Ausflug in die Umgebung abholen wollen, gab er in der Vernehmung an, aber sie hatte nicht geöffnet.

Seltsam. Einen Ausflug mit einer älteren Dame beschließt man doch nicht ad hoc, aus einer Laune heraus und über den Kopf der alten Dame hinweg. Sie waren doch sicherlich verabredet gewesen. Hatte er denn nicht nachgesehen, als sie nicht aufgemacht hatte? Hatte er sich keine Sorgen gemacht?

Er besaß doch einen Schlüssel!

Durch dieses Tor folgten die beiden Täter ihrem späteren Opfer

Oder hatte er nachgesehen, seine tote Oma entdeckt und nicht gewusst, was er tun sollte?
Vertraute er sich seinen Eltern an und, wenn ja – wann?
War er es eventuell, der die Tür abgeschlossen hat?
Auf jeden Fall sei er daraufhin quasi über die Straße in den nahen Mariannenpark gegangen, wo sich Liselotte Krämer mit anderen Senioren öfters traf. Doch da wäre sie auch nicht gewesen. Ihre Bekannten konnten ihm nicht weiterhelfen.
Das überzeugte die Ermittler nicht von seiner Unschuld. Im Gegenteil. Sie wurden hellhörig und misstrauisch. Versuchte er, sich kurz nach der Tat ein Alibi zu verschaffen, indem er im Park nach seiner Oma fragte und den Ahnungslosen spielte? Falls das so gewesen sein sollte, wäre das alles andere als clever gewesen.
Die betagte Runde bezeugte nun der Polizei gegenüber, dass der Enkel des Mordopfers am Tattag in Tatortnähe gewesen war.
Der junge Mann wurde im Laufe der Woche in Untersuchungshaft genommen.
Seine Familie war geschockt. Doch sie glaubte nicht an seine Schuld und überlegte, was sie tun konnte, um ihn aus dem Gefängnis zu holen. Noch in derselben Woche lobten seine Angehörigen für Hinweise, die zum – ihrer Ansicht nach – wahren Mörder führten, eine Belohnung von 5.000 Mark aus. Das war eine ordentliche Stange Geld. Maulfaule Zeugen sollten motiviert werden, ihr Wissen doch noch preiszugeben. Vor allem richtete sich das lukrative Angebot an Mitwisser aus dem Umfeld des oder der Täter. Vielleicht waren die Leute in permanenten Geldsorgen. Jetzt wäre die Gelegenheit, ein kleines Vermögen zu machen.

Mitte Juni 1994. Nach 26 Tagen Untersuchungshaft durfte der Enkel das Gefängnis wieder verlassen. Er hatte immer energisch be-

stritten, irgendetwas mit dem Tod seiner Großmutter zu tun zu haben. Und die Ermittler konnten ihm nichts anderes nachweisen. Er galt aber weiterhin als tatverdächtig und war zu diesem Zeitpunkt der einzige Kandidat, der für die Tat infrage kam.
Und das sollte für eine gefühlte Ewigkeit so bleiben.

11. Mai 1994. An diesem Abend hatten zwei Männer viel zu erzählen. Die Mörder von Liselotte Krämer waren nach Hause gekommen. Sie lebten in einer Wohngemeinschaft irgendwo in Leipzig. Ihre Tat behielten sie nicht für sich. Das ging gar nicht, sie waren viel zu aufgeregt. Sie brüsteten sich damit, eine alte Frau ermordet zu haben. Aus Eitelkeit und Geltungsbedürfnis erzählten sie noch am selben Abend ihren Freunden davon. Diese lauschten ungläubig, fasziniert, einige auch abgestoßen. Sie waren alle keine Engel. Doch einen Menschen hatte noch keiner von ihnen getötet. Während sie sich die Beichte, Erzählung oder wie auch immer die beiden den Tatablauf vortrugen, anhörten, entstand hier eine Art verschworene Gemeinschaft, die das Geheimnis hüten sollte. Wie eine schwarze Bruderschaft. Jeder wusste von nun an, dass sie den Mord an einer alten Frau deckten, aber darüber durfte kein Wort mehr fallen, nichts nach außen dringen. Denn das könnte fatale Folgen haben. Das Ende der Verschwiegenheit würde vor allem den beiden Tätern mächtig schaden. Anderen dürfte in diesem Fall eine Zentnerlast vom Herzen fallen! Nicht alle Mitbewohner dürften begeistert gewesen sein, dass die beiden Mörder sie in das Grauen hineingezogen und zu Mitwissern gemacht hatten. So, als wäre nichts Schlimmes passiert. Doch wenn „absolutes Stillschweigen“ vereinbart wurde, wie in dieser Nacht geschehen, hielt man sich besser daran. Alles andere wäre lebensgefährlich gewesen. Wenn es um Verrat ging, gab es kein Pardon.

Im Herbst 1994 klickten für die beiden Männer dann doch die Handschellen. Na ja, genau genommen klickten sie nur für den jüngeren Täter, den 15-jährigen Marco Römer. Der andere Täter, der 31-jährige gelernte Bäcker Ricardo Schlesiger saß wegen einer anderen Straftat bereits im Gefängnis.
Und der Enkel von Liselotte Krämer war endgültig aus dem Schneider!
Eine Reihe ziemlich unglücklicher Umstände und vor allem der Mangel an Alternativen hatte ihn monatelang als Hauptverdächtigen dastehen lassen. Dieser Albtraum war für ihn und seine Familie nun vorbei.
Aber was war passiert? Wie hatten die Ermittler die beiden Täter aufgespürt?
Ein Phantom und Kollege hatte ihnen unter die Arme gegriffen: Kommissar Zufall!
Eine Frau hatte im September 1994 eher unbeabsichtigt ein Gespräch ihres Lebensgefährten mit einem anderen Bewohner in besagter Wohngemeinschaft mitangehört. Dabei ging es um den Mord an der Rentnerin. Die junge Frau lauschte wie elektrisiert und bekam Einzelheiten zu hören. Sie wusste, das schreckliche Verbrechen hatte ganz Leipzig in Atem gehalten und war noch ungeklärt. Und sie kannte jetzt die Namen der Täter! Unglaublich!
Ihr nächster Weg führte sie schnurstracks auf ein Polizeirevier, wo sie ihre Aussage machte und die beiden Täter benannte.

Der Prozess gegen die beiden mutmaßlichen Mörder begann im April 1995.
Viele Fragen waren noch ungeklärt, wie beispielsweise diese: Wer von den beiden hatte die Frau umgebracht und warum? Wie ist Liselotte Krämer ins Visier der Täter geraten? Wurde sie gezielt

ausgesucht oder war sie eher ein zufälliges Opfer? Wie sind die Täter vorgegangen? Was haben sie erbeutet?

Vor Gericht waren die beiden Verbrecher keine Komplizen, kein Teil einer schwarzen Bruderschaft mehr! Jeder versuchte jetzt nur noch, die eigene Haut zu retten. Sie hatten bei einem Schuldspruch viel zu verlieren. Es ging um sehr hohe Gefängnisstrafen, um lebenslänglich. Jeder hatte einen eigenen Verteidiger, der den jeweiligen Karren aus dem Dreck ziehen und den des anderen tiefer hineinziehen sollte. Bei Prozessbeginn steckten beide Karren gleich tief bis zu den Achsen im Schlamm. Keine leichte Aufgabe also.

Den Mord schoben sie sich gegenseitig in die Schuhe und setzten dabei auf ganz verschiedene, ja gegensätzliche Strategien. Ließ das vielleicht schon Rückschlüsse auf die Tatbeteiligung zu? War diese bereits an der Verteidigungsstrategie zu erkennen?

Der eine spielte mit offenen Karten, der andere leugnete alles.

Marco Römer war noch Schüler, zum Tatzeitpunkt war er 14 Jahre alt. Ob er die Schule überhaupt noch besuchte und wie erfolgreich er da war, spielte für den Prozess keine Rolle.

Seine Anwesenheit am Tatort konnte er nicht leugnen. Er hatte Fingerabdrücke hinterlassen.

Der junge Mann war kooperativ und schilderte das Verbrechen minutiös.

„Haben Sie das spätere Opfer gezielt ausgesucht?“, wollte der Richter zunächst wissen.

„Nein, eigentlich nicht. Wir waren an diesem Nachmittag einfach unterwegs und haben Ausschau gehalten. Wir suchten jemanden zum Ausrauben“, gab er bereitwillig Auskunft.

„Und dann lief Ihnen die alte Dame über den Weg?“, vermutete der Richter.

„Na ja, sie überquerte gerade die Straße am Mariannenpark, ging auf den Hof und betrat den Eingang am anderen Ende der Häuserreihe. Wir sind ihr spontan gefolgt und wollten einfach sehen, ob bei ihr etwas zu holen ist“, schilderte der Angeklagte den Auftakt des Verbrechens.

„Wie sind Sie in die Wohnung gekommen? Sie wird Sie ja wohl kaum einfach hereingebeten haben“, vermutete der Richter.

„Wir klingelten an der Tür, sie öffnete. Während wir uns als Verkäufer von Zeitschriften-Abos ausgaben, schob Schlesiger die Frau in die Wohnung zurück. Bevor sie reagieren konnte, waren wir in der Wohnung und haben die Tür hinter uns geschlossen“, sagte er ohne Ausflüchte.

„Was geschah dann? Stand Frau Krämer Ihrem Raubzug nun im Weg und musste sie deshalb sterben?“, fragte der Richter und sah Römer ernst an.

„Wir wollten niemanden umbringen. Diesen Plan gab es nicht …“

„Und doch starb sie an diesem Nachmittag. Sie wurde ermordet. Das steht zweifelsfrei fest“, fiel ihm der Richter ins Wort.

„Ja, das stimmt. Aber ich war das nicht“, meinte Römer.

„Wer dann?“, wollte der Richter wissen.

„Ricardo Schlesiger.“

„Haben Sie das gesehen?“

„Ja“, bestätigte Römer. „Das habe ich gesehen.“

„Dann erzählen Sie mal, was genau passiert ist!“, forderte der Richter den Jüngeren der beiden auf.

„Wir wollten die Wohnung nach Wertvollem durchsuchen, Geld vor allem, aber auch anderen Dingen. Je nach dem, was so da war. Die Frau ließ sich das aber nicht gefallen und machte Scherereien …“

„Verständlich“, warf der Richter ein. „Fahren Sie fort.“

„Wir sollen verschwinden, meinte sie und fing an zu zetern. Ich hatte gerade einen Schrank im Wohnzimmer durchsucht und ging zu Ricardo hinüber, da sah ich durch die offene Tür, dass er die Frau aufs Bett geworfen und ein Handtuch in der Hand hatte. Anfangs dachte ich, er will ihr damit den Mund zuhalten, sie knebeln oder so. Doch dann schlang er das Handtuch um ihren Hals und zog mit aller Kraft zu. Ich war total entsetzt, voller Panik. Am liebsten wäre ich weggelaufen …“, beschrieb der Angeklagte aufgeregt den Mord an Liselotte Krämer.
„Warum habe Sie ihr nicht geholfen und Ihren Kompagnon von der Tat abgehalten?“, wollte der Richter wissen.
„Ich hatte Angst, dass Ricardo mich dann auch töten würde, wo er gerade dabei war … Das Handtuch und dieser irre Blick. Er starrte zu mir herüber. Ich hatte eine wahnsinnige Angst“, entgegnete der Jugendliche.
Der Richter nickte leicht, als würde er ihm das abnehmen.
„Und dann? Sind Sie beide dann gegangen?“, vermutete der Richter.
„Nein, dann haben wir erst mal die Wohnung auf den Kopf … also, durchsucht.“
„Ach so, Widerstand gab es ja nicht mehr. Wie lange waren Sie in der Wohnung?“, fragte der Richter.
„Weiß ich nicht mehr. Ich musste andauernd an die tote Frau denken, die nur ein paar Meter entfernt auf dem Bett lag …“
„Was haben Sie denn nun erbeutet“, wollte der Richter wissen.
Römer druckste ein bisschen herum.
„Ich will mal so sagen: Wir sind anschließend in einen Supermarkt gegangen, haben uns zwei Büchsen Bier geschnappt. Mehr war nicht drin …“
„Wegen vier oder fünf Mark?“, meinte der Richter betont sachlich.

„Fünf Mark", korrigierte Römer, als würde das einen Unterschied machen.

„Ja, fünf Mark", echote der Richter und schwieg betroffen. Seine Fassungslosigkeit gewann für einen Moment die Oberhand. Doch dann fing er sich wieder.

Der Mann überlegte. Er wollte sich gerade an den zweiten Angeklagten wenden, da fiel ihm noch etwas ein.

„Haben Sie die Wohnungstür abgeschlossen, als Sie gegangen sind?"

„Nein, womit denn? Wir hatten keine Schlüssel dabei und die Tür nur zugezogen."

Das Rätsel um die abgeschlossene Tür ließ sich auch jetzt nicht lösen. Aber irgendjemand musste sie abgeschlossen haben! War es doch der Enkel?

„Na gut, ich habe vorerst keine weiteren Fragen an Sie. – Kommen wir nun zu Ihnen!", wandte er sich an den zweiten Angeklagten, Ricardo Schlesiger.

„Sie haben die Aussage von Herrn Römer gehört. Was sagen Sie dazu?"

„Ich bin nicht in dieser Wohnung gewesen und habe mit dem Mord nichts zu tun", leugnete er jede Beteiligung an dem Verbrechen. Von ihm konnten am Tatort tatsächlich keine Fingerabdrücke oder sonstige Spuren gesichert werden. Entweder war er vorsichtig gewesen oder er hatte einfach nur Glück gehabt. Seine Anwesenheit am Tatort musste das Gericht ihm erst mal nachweisen.

Jetzt war die Zeit der Zeugen und Indizien gekommen.

Ein Verwirrspiel, bei dem alles möglich schien und dessen Ausgang offen war, konnte starten.

Einige Zeugen sagten nämlich aus, Liselotte Krämer noch am Himmelfahrtstag oder sogar danach gesehen zu haben. Nach Ansicht der Gerichtsmediziner wäre das jedoch unmöglich gewesen. Die Seniorin wäre definitiv am Nachmittag des 11. Mai 1994, also einen Tag vor Himmelfahrt ermordet worden. Am 12. Mai lag sie bereits erdrosselt in ihrer Wohnung. Die Aussagen von Marco Römer stimmten mit dem gerichtsmedizinischen Befund überein. Der junge Mann sagte also die Wahrheit. Tat er das auch bezüglich der Tatbeteiligung von Ricardo Schlesiger?

„Für diese Zeit besitze ich ein Alibi. Ich habe niemanden ermordet", behauptete der ältere Angeklagte dagegen vehement.

Seine Verteidigung nominierte nun mehrere Zeugen, die das Alibi bestätigen und den Angeklagten entlasten sollten.

Zunächst betrat ein 73-jähriger Bekannter des Angeklagten den Zeugenstand.

„Der Angeklagte Schlesiger soll zum Tatzeitpunkt bei Ihnen gewesen sein? Stimmt das?", fragte der Richter und bereitete sich mental darauf vor, eine etwas härtere Nuss zu knacken. Die beiden hatten sich ja wohl entsprechend abgesprochen.

„Nein, das stimmt nicht. Er war nicht bei mir", widersprach der wichtige Zeuge überraschend. Sein Sinneswandel kam wie ein Blitz aus heiterem Himmel und war ganz und gar nicht im Sinne von Schlesigers Verteidigung, die große Hoffnungen an den Mann geknüpft hatte. Ein Raunen ging durch den Gerichtssaal. Damit hatte niemand gerechnet, vor allem nicht die Verteidigung selbst. Der betagte Mann nahm ihr den Wind aus den Segeln. Und nicht nur das! Das Gericht bekam außerdem den Beweis frei Haus geliefert, dass Schlesiger gelogen hatte. Was hatte er zu verbergen, wenn nicht den Mord an der alten Frau? Ein schwerwiegendes Indiz. Und es kam für diesen Angeklagten noch dicker.

„Mir gegenüber hat er behauptet, dass er die alte Frau getötet hat", legte der 73-Jährige nach. Schlimmer konnte es für Schlesiger kaum laufen. Er schien erledigt zu sein.

Auch weitere Zeugen konnten oder wollten das abzusehende Desaster nicht mehr aufhalten. Jeder Einzelne in der langen Parade von Zeugen, die im Auftrag der Verteidigung Schlesigers Unschuld belegen sollten, bekam kalte Füße. Die einen machten überhaupt keine Angaben mehr, die andern trugen nichts zu seiner Entlastung bei.

Schlesigers Karren drohte im Morast zu versinken.

Und nun war auch noch die Anklage an der Reihe, ihren Trumpf gegen Schlesiger auszuspielen und ihn wegen Mordes einzubuchten.

Und dieser Joker betrat in Gestalt einer 80-jährigen Dame den Zeugenstand.

Bei einer Befragung durch die Polizei hatte sie ausgesagt, die beiden Angeklagten wären ihr auf dem Weg zum Tatort entgegengelaufen! Ihr wurden Lichtbilder der beiden vorgelegt.

„Ich bin aus dem Hauseingang gekommen und da liefen diese beiden direkt an mir vorbei", sagte sie damals und zeigte auf die beiden Bilder, die die Beamten ihr vorgelegt hatten. „Ich konnte ihre Gesichter erkennen. In der 33 verschwanden sie dann."

„Dreiunddreißig? Meinen Sie die Paul-Heyse-Straße 33?", vergewisserte sich der Ermittler.

„Genau, die meine ich."

So weit ihre Aussage bei der Polizei, die dem Richter vorlag.

Eine Gegenüberstellung vor Gericht sollte die Aussage nun bestätigen. Eine reine Formalie, sollte man meinen.

Aber die Zeugin sah die beiden Angeklagten in der Verhandlung an wie Wesen von einem fremden Stern.

„Diese beiden jungen Leute sind das nicht gewesen!", behauptete sie sogar unter Eid!
Was war da los? Warum erkannte sie die beiden Männer nicht wieder? Das konnte nicht geklärt werden. Aber seltsam war es und erst mal gut für Schlesiger und schlecht für die Anklage.
Doch bei der Urteilsfindung hatten auch Schlesigers ehemalige Freunde aus der Wohngemeinschaft ein Wörtchen mitzureden. Ihnen gegenüber hatte er den Mord ja ebenfalls gestanden, brühwarm sozusagen. Sie machten vor Gericht keinen Rückzieher, sondern bestätigten ihre ursprüngliche Aussage.
Schlesigers Verteidiger schickte nun eine letzte, halb gare These für seinen Mandanten ins Rennen. Er vermutete im Auftritt der früheren Freunde ein Komplott gegen Schlesiger. Man wolle ihn loswerden, unterstellte der Verteidiger. Man hatte schon immer etwas gegen ihn gehabt. Und nun wollten die Mitglieder der Wohngemeinschaft die Gelegenheit beim Schopfe packen und ihn mit falschen Anschuldigungen loswerden. Ein Mann aus dem Dunstkreis eines Mordes wäre für die Wohngemeinschaft sowieso unzumutbar, selbst wenn er unschuldig wäre. Mit so einem wolle man nichts zu tun haben. Eine Verurteilung wäre die beste Gelegenheit, problemlos sein Zimmer neu zu vergeben. Das unterstellte Schlesigers Verteidiger den früheren Freunden seines Mandanten.
Doch einer dieser ehemaligen Freunde lebte nicht in der Wohngemeinschaft, sondern war am 11. Mai 1994 lediglich zu Besuch gewesen. Er belastete den Angeklagten ebenfalls. Und ihm konnte es egal sein, wo der Angeklagte lebte.
Einspruch abgeschmettert.
Was war nun aber mit den Zeugen, die Liselotte Krämer noch am Himmelfahrtstag, also einen Tag nach dem Mord, gesehen haben

wollten? Vor Gericht räumten sie ein, sich geirrt zu haben, oder sie nahmen ihre Aussage einfach zurück.
Das Fazit für Schlesiger war verheerend. Es fand sich letztlich niemand, der seine Angaben bestätigte und ihn vom Vorwurf des Mordes retten konnte.
Sein Karren steckte bis über die Räder im Dreck fest.
Das sah auch das Gericht so. Es war davon überzeugt, dass der arbeitslose Bäcker Ricardo Schlesiger die Rentnerin Liselotte Krämer mit einem Handtuch erdrosselt hatte. Das Gericht sprach ihn anhand von Indizien schuldig und verhängte eine lebenslange Freiheitsstrafe. Für ihn gab es keine Strafmilderung.
Das Gericht fand die Aussagen von Marco Römer plausibel und sprach ihn vom Vorwurf des Mordes frei. Er wurde nicht einmal der Mittäterschaft bezichtigt. Allerdings musste er sich wegen Raubes verantworten. Neben den gestohlenen fünf Mark aus Liselotte Krämers Portemonnaie wurde im Prozess auch ein weiterer Raub verhandelt, an dem Römer beteiligt gewesen war. Für alles zusammen bekam er eine Jugendstrafe von vier Jahren.

Aber was war nun mit der verschlossenen Wohnungstür?
Liselotte Krämer hatte keine Gelegenheit mehr gehabt, sie abzuschließen.
Der Sohn der Ermordeten hatte sie nur geöffnet.
Die beiden Täter besaßen keinen Schlüssel.
Am 11. Mai 1994 war Liselotte Krämer mit ihrem Enkel verabredet. Sie wollten gemeinsam einen Ausflug unternehmen. Als er bei ihr klingelte, war sie bereits tot und die Täter verschwunden. Das konnte er natürlich nicht wissen, nicht einmal ahnen. Selbstverständlich war er besorgt, als sie nicht öffnete. Er holte den heimlich nachgefertigten Schlüssel aus der Tasche, von dem niemand etwas

wusste, und öffnete die Wohnungstür. Und dann der unfassbare Schock! Die Räume waren durchwühlt und seine Oma lag erdrosselt auf dem Bett. Die schrecklichen Bilder, die unerwartet auf ihn einstürzten, waren einfach zu viel für ihn. Er wusste nicht, wie er dieses Grauen wieder loswerden, was er tun sollte – und erstarrte. Dann hatte er einen Lichtblick. Er versuchte, die Bilder und den Schock loszuwerden, indem er das alles wie einen bösen Traum von sich loslöste und in der Wohnung ließ. Es war seltsam, was er nun tat. Es erinnerte an ein Ritual, intuitiv ausgeführt. Er verließ die Wohnung und schloss die Tür hinter sich ab, als wollte er das Grauen ein für alle Mal verbannen und für immer wegschließen. Damit es da nicht mehr herauskam und sein Bewusstsein nicht erreichen konnte.

Seine Oma sei nicht da gewesen, redete er sich ein, als er das Haus verließ.

Dann ging er in den Park …

IM FOKUS DER SCHWARZEN SCHATTEN

Konrad Bellmann bewohnte 1992 im Leipziger Westen ein Einfamilienhaus, das bereits einige Jahrzehnte auf dem Buckel hatte. Zu DDR-Zeiten war da nicht viel gemacht worden und es war alles ziemlich verfallen. Zwei Jahre nach der Wende ließ er es teilweise sanieren, zuerst das Dach und dann die Elektrik. Der Dachdecker hatte sein Geld bekommen. Nur für den Elektriker hatte es nicht mehr ganz gereicht. Es wurde teurer als erwartet. Ihm schuldete Bellmann noch 3.000 D-Mark.

Aber was solls, sagte er sich, musste der Elektriker eben warten. Dafür sprang nicht mehr alle zehn Minuten die Sicherung heraus. Die alte Leitung war den vielen neuen, leistungsstarken Geräten einfach nicht gewachsen. Und ständig die Gefahr von Kurzschlüssen und Kabelbränden. Das war nicht tragbar. Dann lieber Schulden haben als eine Brandruine, wenn es ganz blöd lief. Das war doch einleuchtend, oder?

Der Elektriker hatte Bellmann eine Rechnung geschrieben, dann eine Mahnung und noch eine und so weiter. Doch Bellmann hatte nicht reagiert.

Dann meldete sich der Elektriker persönlich. Anfangs rief er an. Dann klingelte er an der Wohnungstür. Er bat, er forderte, er drohte und verlor irgendwann die Nerven und brüllte Bellmann an.

„So nicht, mein lieber Freund", wies dieser ihn daraufhin zurecht. Als hätte er nur darauf gewartet, knallte er seinem Gläubiger endgültig die Tür vor der Nase zu.
Bellmann saß am längeren Hebel. Das glaubte er zumindest. Sollte der Mann doch seine Forderungen einklagen! Dem stand nichts im Weg. Aber das würde dauern. Monate, Jahre vielleicht. Und kosten würde das! – Gericht, Anwalt, Nerven. Letztlich war nicht einmal sicher, ob sich das überhaupt lohnen würde.
Bellmann hatte eine neue Elektrik und der Elektriker höchstwahrscheinlich Herzkasper und Mordfantasien.
Wenn Gläubiger dürften, wie sie wollten …
Doch Moskau-Inkasso, ein Synonym für das gewaltsame Eintreiben von Schulden, war salopp gesagt nicht jedermanns Sache und außerdem verboten.
Wer Schulden hatte, dachte nicht gerne dran. Auch Bellmann nicht.
Und so waren die Forderungen des Elektrikers bald nicht mehr ganz so präsent.

Als Bellmann eines Tages aus dem Haus trat, zuckte er wie vom Blitz getroffen zusammen. Auf der anderen Straßenseite parkte ein langes schwarzes Fahrzeug mit schwarz getönten Scheiben. Und daneben stand ein Mann, seltsam gekleidet, wie aus der Zeit gefallen: schwarzer Anzug, schwarze Melone auf dem Kopf, weißes Hemd mit schwarzer Fliege, schwarze Schuhe und einen schwarzen Stock an den linken Unterarm gehängt.
Anfangs dachte Bellmann an einen Leichenwagen.
Dann entdeckte er, dass der Mann ihn anstarrte, regelrecht durchbohrte mit seinem Blick, als wollte der ihn aufspießen. Bellmann lief es kalt den Rücken hinunter.

Wollte der was von ihm?

Der schwarz gekleidete Mann blieb, wo er war.

Bellmann verließ sein Grundstück und ging auf die Straße. Ein paar Hundert Meter weiter stand seit Kurzem ein Supermarkt. Da wollte er hin, um einzukaufen.

In einigen Metern Entfernung passierte er den Unbekannten, der ihn nicht aus den Augen ließ, wie Bellmann mit einem Seitenblick feststellte.

Dann ging er einfach weiter, Blick geradeaus.

Doch schon nach wenigen Metern sah er sich aus einem Impuls heraus um.

Tatsächlich, der Kerl hatte sich wie ein schwarzer Schatten an Bellmanns Fersen geheftet und folgte ihm sehr auffällig mit einigem Abstand.

Jeder konnte sehen, dass dieser Schwarze Schatten irgendwie zu Bellmann gehörte.

„Na, Konrad, was ausgefressen?“, rief ein Nachbar aus einem Vorgarten herüber.

„Wüsste nicht, was“, erwiderte dieser wider besseres Wissen.

Bellmann waren längst alle seine Sünden wieder eingefallen.

Nach wenigen Minuten erreichte er den Supermarkt und ging hinein.

Durch das Fenster sah er, dass der Schwarze Schatten sich gut sichtbar am Ausgang platziert hatte. Klar, irgendwann musste Bellmann da wieder herauskommen. Sein Schatten wartete solange an der Tür.

Gemeinsam gingen sie dann – Bellmann vorweg und der Schwarze Schatten hinterher – zum Haus zurück. Verdutzt, argwöhnisch, auch amüsiert beobachtete die Nachbarschaft das seltsame Gespann. Und Bellmanns Spießrutenlauf.

Während Bellmann, mittlerweile rot vor Scham, in seinen eigenen vier Wänden verschwand, lehnte der andere sich gegen das Auto und wartete. Er schien viel Zeit zu haben und behielt Bellmanns Haus im Blick.

Bellmann sah während der nächsten Stunden mehrmals aus dem Fenster.

Sein Schatten war noch immer da. Aber etwas hatte sich verändert. Der schwarz gekleidete Hüne hatte sich an den Zaun gestellt und sah aus kurzer Distanz zum Haus herüber.

„Ich wusste ja, dass mit Bellmann irgendetwas nicht stimmt", meinte eine Nachbarin zu einem Nachbarn, mit dem sie sich über den Zaun unterhielt. „Hat wohl Schulden und will nicht zahlen."

„Ja, ist wohl so. Hätte ich nicht gedacht", meinte der Mann lapidar. „Hat er sich nicht das Dach decken lassen? War bestimmt teuer."

„Unverschämtheit, den Handwerker nicht zu bezahlen", keifte die Frau.

Vom Gespräch seiner Nachbarn bekam Bellmann natürlich nichts mit.

Er überlegte, wie er den ungebetenen Besuch schnell loswerden konnte. Der Schaden war schon jetzt beträchtlich, glaubte er. Als würde er bloßgestellt am Pranger stehen. Und die Verdächtigungen, warum das so war, schossen längst ins Kraut. Welche Wege solche Gerüchte gingen, ob sie wahr, falsch oder doch irgendwie ganz anders waren, konnte Bellmann kaum beeinflussen. Aber sie hielten sich hartnäckig, auch für die Zukunft.

Er fasste sich ein Herz und ging zu dem Mann hinaus.

„Sagen Sie, was wollen Sie von mir?", sprach er ihn an.

Genau darauf hatte sein Schwarzer Schatten gewartet. Dass Bellmann ihn ansprach.

Bellmann sollte aber keine Antwort erwarten. Der Mann blieb

stumm wie ein Fisch, zog aus seiner Jackentasche eine Visitenkarte und überreichte sie ihm.

„Bitte rufen Sie unten stehende Nummer an. Dann erfahren Sie, worum es geht", stand da drauf.

Bellmann ahnte bereits, worum es ging.

Der Schwarze Schatten hatte seine Mission erfüllt, stieg in das Auto und fuhr weg.

Wenn er da nicht anrief, wäre der Kerl schon morgen wieder hier, vermutete Bellmann zu Recht.

Er wählte die Nummer, es meldete sich eine Männerstimme.

„Ja, bitte, die Agentur der Schwarzen Schatten."

„Bellmann hier. Was soll das alles und was wollen Sie von mir?", begann er. „Ist Ihnen eigentlich klar, was Sie anrichten?"

Der andere stellte nun sich und seine Agentur der „Schwarzen Schatten" vor und bedauerte die Unannehmlichkeiten, die Bellmann entstanden wären. Seine Agentur würde nun mal Schulden eintreiben. Bellmann wäre ein Schuldner und ginge mit seinem Gläubiger auch nicht zimperlich um. Ein Elektriker habe der Agentur glaubhaft versichert, dass Bellmann ihm 3.000 D-Mark schulden würde. Der Handwerker habe der Agentur Beweise geliefert, die Adresse genannt und auch ein Foto von Bellmann beigelegt.

„Wie sieht es aus – zahlen oder nicht?", setzte ihm der Mann die Pistole auf die Brust.

„Dürfen Sie das überhaupt?", fragte nun Bellmann ausweichend.

„Das ist gar nicht die Frage. Die lautet: Wollen Sie, dass mein Mitarbeiter morgen wieder vor der Tür steht, oder wollen Sie das nicht? Sie wissen ja, was das für Ihren Ruf bedeutet. Oder glauben Sie, dass mit Ihnen noch mal jemand ein Bier trinken möchte und bei Ihnen irgendetwas repariert?"

Bellmann sagte nichts, er knirschte nur mit den Zähnen.
„Ich höre, wir verstehen uns. Bitte begleichen Sie innerhalb von drei Tagen Ihre Schulden. Andernfalls melden wir uns wieder."
Der Mann legte auf.
Bellmann zahlte umgehend.

Der besagte Elektriker hatte Glück im Unglück gehabt. Denn das Leipziger Landgericht erklärte diese „Schuldner-Nerv-Dienste", die ihren Ursprung in Japan haben und hierzulande auch als „Schwarze Männer", „Schwarze Ladys" oder „Rosarote Hoppelhasen" bekannt waren, im August 1994 für sittenwidrig und knipste ihnen in seinem Zuständigkeitsbereich das Licht aus. Es sah die Persönlichkeitsrechte der Schuldner verletzt. Geklagt hatten zwei konkurrierende Geschäftsmodelle der Schuldeneintreibung: Zugelassene Inkassobüros und der Leipziger Anwaltsverein. Mit ihnen gingen die Gläubiger nun den langen, steinigen Weg durch die regulären Instanzen, um an ihr Geld zu kommen, beziehungsweise an das, was davon noch übrig war. Der Faktor Zeit spielte eigentlich nur den Schuldnern in die Hände. Die Schwarzen Schatten & Co. hatten, im Sinne von effektiv, kurzen Prozess gemacht. Nicht zuletzt deshalb genoss diese Methode der Schuldeneintreibung eine nachweislich hohe Akzeptanz in der Bevölkerung. Auch wenn einige Beobachter in dem originellen, witzigen Prozedere „groben Unfug" und Schlimmeres zu erkennen glaubten.

EIN MÖRDER STEHT ALLEIN IM WALD

Weit nach Mitternacht kam der 31-jährige Ullrich Köhler aus dem kleinen Wald bei Quesitz, südlich von Markranstädt an der B 87, wieder heraus. Es war Mitte April 1991 und nachts noch ziemlich kalt. Doch er fror nicht, ganz im Gegenteil. Er schwitzte, dennoch zog er seine Jacke wieder über. Auf dem dunklen Waldweg stand das Fahrzeug, mit dem er gekommen war – ein alter BMW. Eigentlich hatte er ihn für 2.700 D-Mark verkaufen wollen. Aber das war nun nicht mehr möglich. Den potenziellen Käufer hatte er soeben im Wald vergraben.

Er hörte jetzt Fahrzeuggeräusche, ein entferntes Rauschen, von der nahe gelegenen Autobahn A 9. Die wichtige Nord-Süd-Verbindung von Berlin nach München war heute Nacht relativ stark befahren. Die Abfahrt nach Bad Dürrenberg beziehungsweise Leipzig-Süd war nicht weit entfernt. Er verstaute den Spaten im Kofferraum und wusste nicht so richtig, was er nun tun sollte. Hierbleiben wollte er auf keinen Fall, nach Leipzig, wo er zu Hause war, auch nicht. Er stieg in sein Auto, fuhr aber nicht die paar Kilometer nach Lützen, wo seine Mutter auf einem alten Bauernhof wohnte. Er lenkte den BMW auf die Autobahn und fuhr durch die Nacht, bis der Benzintank leer war, wie er später sagte. Er war ein bisschen wie auf der Flucht vor den grauenhaften Ereignissen, die an die-

sem Tag geschehen waren, und seinen düsteren Gedanken. Doch er war ohne Chance, ihnen zu entkommen.
Irgendwann am frühen Morgen fuhr er wieder nach Hause zurück. Seit einiger Zeit lebte er mit seinem Freund Bernd Wiese in einer Art Wohngemeinschaft zusammen.
Angst vor einer Entdeckung der Tat hatte Ullrich Köhler offenbar nicht. Dafür keimte etwas anderes in ihm auf: ein schlechtes Gewissen. Tiefes Bedauern über seine Tat machte ihm zu schaffen. Wer Reue empfindet, dem wird ein starkes Bedürfnis nachgesagt, sein Bedauern auszudrücken und um Vergebung zu bitten. Im Falle von Ullrich Köhler galt es aber abzuwägen, ob es nicht besser wäre, sein Bedauern für sich zu behalten, um nicht für eine lange Zeit ins Gefängnis zu müssen. Ullrich Köhler kämpfte lange, entschied sich mehr als ein halbes Jahr später dafür, sich der Polizei zu stellen. Ende Oktober 1991 betrat er aus diesem Grund eine Leipziger Polizeistation. Sein schlechtes Gewissen piesackte ihn seit jener Nacht im April wie eine Läuseplage und ließ ihm keine Ruhe mehr.
„Dann erzählen Sie mal", forderten die Polizisten Ullrich Köhler auf, als sie sich im Vernehmungsraum im Schein einer trüben Lampe gegenübersaßen.
Ullrich Köhler redete und redete. Die Polizisten hörten aufmerksam zu und schrieben fleißig mit. Irgendeine Regung, Entsetzen oder Ähnliches war ihnen nicht anzumerken. Sie blieben ruhig und gefasst. Köhler sprach von jenem verhängnisvollen Tag im April. In seiner Erzählung kam nur er vor. Er berichtete, was er getan hatte und wie er es getan hatte. Er gestand den Mord an seinem früheren Lebensgefährten Roland Schwebe und lotste die Ermittler zu dem Waldgrab bei Quesitz. Dort fanden sie Schwebes völlig verwesten Leichnam in der Erde. Spuren konnten nicht mehr ge-

sichert werden, weder zum Täter noch zur Tat und auch nicht zur Todesursache.
Die Ermittler waren vollständig auf die Aussagen von Ullrich Köhler angewiesen.
Das Gericht würde es auch sein.
Seit jenem Tag saß der Mann in Untersuchungshaft. Er hatte viel Zeit zum Nachdenken und bekam einen Vorgeschmack auf das, was ihn in den kommenden Jahren erwarten würde. Vielleicht begriff er in seiner tristen Zelle, worauf er sich mit seiner Aussage eingelassen hatte, und bereute erneut, diesmal jedoch sein Geständnis.
Lieber mit Gewissensbissen in Freiheit leben als das hier!, mag er gedacht haben.
Aber er hatte erstklassiges Täterwissen offenbart und kam aus der Sache nicht mehr heraus. Da hatte er sich etwas eingebrockt! Das Wasser stand ihm bis zum Hals. Er ahnte da schon, dass er untergehen würde. In Einsamkeit, Dunkelheit und Kälte.
Auf ihn wartete jedenfalls das Gefängnis.
Wenn er schon untergehen sollte, dann nicht allein!
Ein Leben hatte er bereits ausgelöscht, und sein eigenes war keinen Pfifferling mehr wert. Jedes Leben, das er jetzt noch in den Dreck ziehen und zerstören konnte, war ihm willkommen. Er hatte nichts mehr zu verlieren.
Vielleicht nahm sein teuflischer Plan unmittelbar nach dem für ihn verhängnisvollen Geständnis Gestalt an, vielleicht auch später.
Auf jeden Fall klingelte im April 1992 die Polizei bei Köhlers Mitbewohner und dessen Cousin Richard Lauschke und steckte die beiden Männer ebenfalls in U-Haft. Köhler hatte sie als Mittäter denunziert.

An einem abgelegenen Ort verscharrte der Mörder seinen Ex-Freund

Die beiden Männer wussten nicht, wie ihnen geschah, und hatten keinen blassen Schimmer, was man von ihnen wollte. Sie hatten nichts getan. Die Polizei teilte ihnen natürlich mit, dass Köhler sie belastet hatte. Sie bestritten jedoch heftig, irgendetwas damit zu tun zu haben!

Dennoch mussten sie neben Köhler auf der Anklagebank Platz nehmen.

Der Prozess begann im April 1993 vor dem Leipziger Landgericht.

„Warum sollte Roland Schwebe sterben?“, wandte sich der Richter an Ullrich Köhler.

Der Angeklagte hatte seine erste Aussage bei der Polizei widerrufen und komplett geändert.

„Der Mord war nicht meine Idee!“, log Köhler, ohne mit der Wimper zu zucken.

Aber das wussten nur er und die beiden anderen Angeklagten.

„Ach nein, wessen dann?“, bohrte der Richter nach.

„Es war Bernd Wieses Idee. Ich war dagegen“, schob Köhler ihm die Federführung für den Mord in die Schuhe.

Wiese saß da und wusste nicht, wie ihm geschah. Was hätte er auch sagen sollen?

„Nein, das war nicht meine Idee“, hatte er auf eine entsprechende Frage geantwortet.

Aber wer sollte das glauben, wo Köhler so wortreich etwas anderes behauptete.

„Aber Sie waren ursprünglich mit dem späteren Opfer bekannt, oder?“, wollte der Richter von Köhler wissen.

„Ja, so ist es. Mit Roland Schwebe bin ich vor einiger Zeit liiert gewesen. Zufällig traf ich ihn im April 1991 wieder und bot ihm einen alten BMW zum Kauf an. Nach einer Probefahrt war er ein-

verstanden. Am nächsten Tag wollten wir das Geschäft abwickeln. Wir vereinbarten einen Preis von 2.700 Mark, die ich in bar erhalten sollte", erzählte Ullrich Köhler und machte eine Pause.
„Wie kam es nun zu dem Mordplan?", fragte der Richter neugierig.
„Ich fuhr zu Bernd Wiese und erzählte ihm vom Verkauf des alten BMW an Roland Schwebe. Doch plötzlich hatte Bernd einen anderen Vorschlag", meinte Ullrich Köhler, ohne rot zu werden.
„Was schlug er vor?", fragte der Mann in schwarzer Robe.
„‚Wir töten den Schwebe, nehmen sein Geld und du behältst dein Auto'", gab Ullrich Köhler die vermeintlichen Worte seines Freundes wider. Doch so etwas hatte der nie gesagt.
„Wie haben Sie darauf reagiert?"
„‚Du spinnst doch', hab ich zu ihm gesagt. Doch er ließ nicht locker. Ich solle Schwebe eine vor die Birne hauen und er würde den Rest erledigen. Das hat er vorgeschlagen. Noch am selben Abend besorgte Bernd Wiese einen Spaten. Mitten in der Nacht brachen wir in das Waldstück bei Quesitz auf, um das Loch auszuheben, in dem Roland Schwebe am nächsten Tag verschwinden sollte. Beim Graben wechselten wir uns ab, da nur ein Spaten zur Verfügung stand ...", baute Köhler weiter an seinem Lügengebäude.
„Warum sind Sie überhaupt mitgefahren, wenn Sie die Idee eigentlich befremdlich fanden?", fragte der Richter skeptisch.
Ullrich Köhler zuckte mit der Schulter. „Weiß nicht, hab es eben getan. Noch war der Schwebe ja nicht tot."
„Warum haben Sie das Opfer ausgerechnet in diesem Wald vergraben? Es gibt hundert andere."
„Die Gegend ist mir vertraut wie meine Westentasche. Ein paar Kilometer weiter habe ich mal gewohnt."
„Wer außer Ihnen war noch dabei?"
„Wie gesagt: Bernd Wiese und sein Cousin Richard Lauschke", be-

kräftigte Köhler seine falschen Anschuldigungen gegen die beiden Männer.

Klar, sie wehrten sich heftig. Sie leugneten es, mit Ullrich Köhler in einem Fahrzeug gesessen und dann im Wald gebuddelt zu haben. Es entstand ein kleiner Tumult im Gerichtssaal, den der Richter aber schnell wieder in den Griff bekam.

„Bei den Absprachen war ich zwar mit in der Wohnung, habe mich jedoch nicht darum gekümmert", meinte der Cousin lapidar und bestätigte nebenbei, dass es zwischen den beiden anderen Männern Absprachen gegeben habe. Er wusste aber nicht, welcher Art die waren. Nur eins war sicher, dass diese mit dem Mord nichts zu tun haben konnten.

In den Ohren des Richters könnte sich das aber anders angehört haben.

Doch Köhler ignorierte Lauschkes Einspruch, dass er sich nicht um die beiden gekümmert habe.

„Auf der Rückfahrt besprachen wir Details für den Mord am nächsten Tag. Schwebe sollte mit einem Draht erdrosselt werden", fuhr der Täter fort.

Bernd Wiese sah von seinem Platz auf der Anklagebank immer wieder fassungslos zu Ullrich Köhler hinüber und schüttelte mit dem Kopf. Sein Gesichtsausdruck war wie ein großes, wütendes Ausrufezeichen: Das warst du Arsch ganz allein! Was redest du miese Ratte für einen Schwachsinn?

„Wie lief das Treffen mit Roland Schwebe am Tattag, also am 14. April 1991, genau ab?", fragte der Richter.

„Wir warteten am Abend vor seinem Haus in der Seeburgstraße. Er hatte Spätschicht gehabt ..."

„Sie meinen sich und die beiden anderen Angeklagten?", hakte der Richter nach.

„Ja, genau. Wir saßen in einem VW Passat. Als Roland Schwebe von der Arbeit kam, luden wir ihn zum Abendessen ins ‚Immergrün' ein. Bernd Wiese fuhr das Fahrzeug, Schwebe nahm auf dem Beifahrersitz Platz, ich saß hinter Schwebe und links neben mir der Cousin", spann er sein Narrativ weiter.
„In der Gaststätte sind Sie aber nicht angekommen. Warum nicht?", fuhr der Richter fort.
„Nein, das ist richtig. Auf der Fahrt nahm ich ein mitgebrachtes Telefonkabel zur Hand. An der Ampel in der Jahnallee hab ich es Schwebe ruckartig von hinten über den Kopf geworfen und aus Leibeskräften zugezogen. Die Striemen an meinen Händen waren noch Tage später sichtbar." Er spann und spann seinen Faden weiter und niemand schien zu bemerken, was er hier für eine diabolische Show abzog.
„Plötzlich bemerkte der Fahrer Bernd Wiese, dass Schwebe noch atmet. Richard Lauschke und ich zogen noch einmal an den Kabelenden und quetschten den Hals in der Schleife zusammen, bis der Mann tot war", gab der Hauptangeklagte zum Besten. Er behauptete damit, den eigentlichen Mord gemeinsam mit dem Cousin von Bernd Wiese begangen zu haben.
Doch beide Männer bestritten ihre Beteiligung energisch. Das sei alles erlogen, sie wären nicht dabei gewesen. Nichts, aber auch gar nichts hätten sie mit dem Mord zu tun!
Vielleicht aus Rache würde Ullrich Köhler sie mit hineinziehen, mutmaßten sie.
Warum auch immer er sich an ihnen rächen wollte …

Ursprünglich wollte Köhlers Mutter Ulla im Prozess überhaupt nicht aussagen. Als Angehörige durfte sie die Aussage verweigern. Diese Regelung wurde vor allem dann in Anspruche genommen, wenn die Aussage belastend sein könnte. Erst nachdem sie mit dem Anwalt ihres Sohnes gesprochen hatte, überlegte sie es sich plötzlich anders, sagte am ersten Prozesstag aus und schlug in dieselbe Kerbe wie ihr Sohn: Sie belastete die beiden Mitangeklagten!

Demnach soll Köhler seiner Mutter Ulla kurz nach der Tat Folgendes gebeichtet haben: „Ich muss dir was sagen. Wir haben einen umgebracht." Mit ‚wir' waren er, Wiese und Lauschke gemeint.

Während Köhlers Mutter am zweiten Verhandlungstag vor dem Gerichtssaal darauf wartete, dass es weiterging, kam ein weiterer Zeuge namens Björn auf sie zu. Er war ein Bekannter ihres Sohnes.

„Sie haben bei Ihrer Aussage gestern geschwindelt", fuhr er sie wütend an. „Ich gebe Ihnen einen guten Rat: Nehmen Sie die Aussage gegen die beiden anderen Männer zurück ..."

Das war eine brenzlige Situation, ein Streit unter Zeugen. So etwas kann schnell eskalieren. Das ging gar nicht! In dieser Situation müsste eigentlich ein Justizwachtmeister einschreiten und verhindern, dass ein Zeuge den anderen beeinflusst oder ihm gar droht. Aber solche Ordnungskräfte gab es am Leipziger Landgericht zu dieser Zeit noch nicht. Personell wurde erst später aufgerüstet.

Deshalb ergoss sich nun ein bedrohlicher Wortschwall über die Frau, damit sie ihre Aussage zurücknahm, um die beiden Mitangeklagten nicht weiter zu belasten.

Sie beschwerte sich beim Richter.

Pikant daran war, dass dieser Björn ursprünglich alle Einzelheiten vom Hauptangeklagten Ullrich Köhler erzählt bekommen hatte. Da war dieser noch in Freiheit gewesen und seine Tat hatte ihm noch mächtig zu schaffen gemacht. Aber das war schon einige Monate her. Später behauptete Björn, Ullrich Köhlers Mutter hätte ihn zu sich gebeten und ihm erzählt, was am Tag des Mordes an Schwebe genau passiert sein soll, aber vollkommen anders! Das war erst kurz vor dem Gerichtstermin.

Ganz klar hatte sie versucht, ihn im Sinne ihres Sohnes zu beeinflussen. Vielleicht war der Björn ja einer der wenigen Bekannten gewesen, denen Köhler, noch im Bann seiner Tat, die Wahrheit erzählt hat.

Der Mann hatte Mutter Ulla offenbar bei einer Lüge ertappt und ihm war der Kragen geplatzt.

„Was genau hat der Zeuge zu Ihnen gesagt?“, fragte nun einer der drei Anwälte, die Wiese und Lauschke verteidigten, Köhlers Mutter Ulla.

Die Verteidiger waren gespannt darauf zu erfahren, was der Zeuge ihr vorwarf. Wusste er etwas zu den Ereignissen, was die Vorwürfe gegen ihre Mandanten entkräften konnten! Stimmte sein Vorwurf? Und wenn ja, wobei hatte sie gelogen? Dazu hätten die Anwälte gern mehr erfahren.

„Die Frage ist bereits beantwortet“, fand aber der Richter und ließ sie nicht zu.

Wahrscheinlich eine vertane Chance, der Wahrheit und der Gerechtigkeit ein Stück näher zu kommen.

Der Richter verwehrte den Anwälten von Bernd Wiese und Richard Lauschke, bei Mutter Ulla genauer nachzufragen. Das machte misstrauisch.

Da konnte doch irgendetwas nicht stimmen!

Es folgte ein Befangenheitsantrag gegen den Richter.

Damit drohte der Prozess zu platzen.

Die Verhandlung wurde unterbrochen und der Antrag sofort in einer anderen Kammer des Landgerichts verhandelt – und abgeschmettert. Der Richter durfte das Verfahren weiterführen.

Nach einer kurzen Unterbrechung nahm er wieder auf seinem Stuhl Platz und die Verhandlung wurde fortgesetzt.
Währenddessen hatte ein Verteidiger der Mitangeklagten einen neuen Beweisantrag angeschoben. Er ging von folgender Überlegung aus: Belastend für seine Mandanten war einzig und allein die Aussage von Ullrich Köhler. Und dessen Aussagen waren zweifelhaft und widersprüchlich. Bei der Polizei hatte er die alleinige Schuld auf sich genommen, aber vor Gericht die Last dann auf zwei weitere Schultern verteilt. Der Widerspruch musste aufgelöst werden. Ein psychoanalytisches Gutachten eines Kölner Spezialisten sollte nun Klarheit bringen und die Glaubwürdigkeit der Angeklagten beurteilen. Das war der Beweisantrag. Ein Gutachten war ein Beweismittel, genauso wie ein Fingerabdruck oder eine Zeugenaussage.
Die Verteidigung setzte große Hoffnungen auf die fundierte Expertise eines unabhängigen, renommierten Gutachters. Die Anwälte steckten in einem Dilemma. Vielversprechende Zeugen durften nicht gehört werden und andere Aussagen waren oft nicht glaubhaft. Und sie konnten im Auftrag ihrer Mandanten immer nur wieder beteuern, dass diese mit dem Mord nichts zu tun hatten.
„Hier geht es um lebenslänglich oder einen Freispruch. Da braucht man Gewissheit“, so der Verteidiger.
Als hätte er da schon etwas vom blamablen Auftritt der beiden Gutachter am nächsten Verhandlungstag geahnt!

Zunächst war der damalige Chef der Uniklinik für Psychiatrie, Professor Peter Bausel, an der Reihe, der irgendwie dem Klischee vom zerstreuten Professor entsprach. Als der Gutachter seine Expertise zum Mitangeklagten Bernd Wiese vortrug und dabei zahlreiche Unfälle in dessen Kindheit ansprach, meldete sich plötzlich Richard Lauschke zu Wort.

„Herr Professor, das ist mein Gutachten", stellte er klar.

Zerknirscht musste der Experte „eine Verwechselung" einräumen. Zumindest aufseiten der Verteidigung war das Vertrauen in diesen Gutachter erschüttert. Was, so musste man sich fragen, hatte der Mann noch alles verwechselt? Was taugte das Gutachten?

Doch der Verteidigung stand es nicht zu, einen vom Gericht bestellten Gutachter abzulehnen.

Aber auch der zweite Gutachter, der Leipziger Psychiater Gustav Bringer, löste bei der Verteidigung keine Begeisterung aus. Hirnorganische Schäden beim Hauptangeklagten Ullrich Köhler seien möglich, räumte der zweite Experte ein. Er könne sie nicht ausschließen. – Das wars!

Man sollte meinen, bei dieser Einschätzung wäre eine physische Untersuchung des Angeklagten unumgänglich gewesen. Doch die hatte nicht stattgefunden. Hatte der Angeklagte hirnorganische Schäden oder hatte er keine, war er beeinträchtigt gewesen oder war er es nicht? Und vor allem: Wie stand es um seine Glaubwürdigkeit? Diese zentrale Frage, die das Gutachten eigentlich klären sollte, wurde nicht beantwortet.

Man war so schlau wie vorher.

„Sie haben nur an den Füßen gekitzelt und mit dem Hämmerchen gehauen – ich beantrage ein zweites Gutachten", kommentierte die Verteidigung die Äußerungen des Gutachters sarkastisch.

Für die Wahrheitsfindung waren diese beide Gutachten unbrauchbar.

Doch der Richter sträubte sich, ein zweites Gutachten in Auftrag zu geben.

Das kostete Zeit und Geld.

Am späten Abend wurden die Plädoyers gehalten.
Der Staatsanwalt fand die falschen Aussagen des Hauptangeklagten Ullrich Köhler einleuchtend und gründete darauf seine Strafanträge. Er beschrieb in seinem Plädoyer ein angeblich skrupellos inszeniertes Verbrechen und folgte dem zweiten Geständnis von Ullrich Köhler, für den er wegen Mordes lebenslange Haft forderte. Die Frage nach der Glaubwürdigkeit von Ullrich Köhler war für ihn offenbar auch geklärt, denn er beantragte auch für Bernd Wiese eine lebenslange Haftstrafe. Dieser habe den VW Passat gefahren, in dem Roland Schwebe ermordet worden sein soll. Und nicht nur das: Er wäre die treibende Kraft hinter dem Mordplan gewesen, bei dem es um 2.700 Mark ging, die er sich in die eigene Tasche gesteckt habe. Einzig Richard Lauschke habe kein Motiv für die Tat gehabt, an der er beteiligt gewesen sein soll. Die beiden anderen Männer hätten ihn aber derart manipuliert, dass er sich für ihre Zwecke einspannen ließ. Dafür sollte er eine siebenjährige Jugendhaftstrafe absitzen. – Köhler dürfte das gefallen haben.
So weit der Staatsanwalt.
So klar wie für ihn war die Sache für die Verteidiger naturgemäß nicht – und schon gar nicht in diesem Fall.
Zwar blieb dem Anwalt von Ullrich Köhler nichts anderes übrig, als für seinen Mandanten ebenfalls eine lebenslange Haft zu beantragen. Auch für einen geständigen Mörder war keine mildere Strafe vorgesehen. Dennoch sparte er nicht mit Kritik: „Das war kein faires Verfahren. Der Prozess wurde durchgepeitscht, weil wir keine Zeit und viele andere Termine haben."
Besonders scharf attackierte er die beiden Gutachter, die für ihn eine „Zumutung" gewesen seien. Denn eine klinische Untersuchung, die auch über die Schuldfähigkeit des Angeklagten entscheiden sollte, habe nicht stattgefunden.

Besonders groß war jedoch der Unmut der Verteidiger von Bernd Wiese und Richard Lauschke. Für die beiden Mitangeklagten ging es um alles oder nichts, Freiheit oder eine lange Zeit im Gefängnis.

„Ich bin erschrocken", so deren Verteidiger, „dass an ein falsches Geständnis nur sehr wenig gedacht wird." Es habe handfeste Indizien in diese Richtung gegeben. Die Aussagen Ullrich Köhlers bei der Polizei und vor Gericht unterschieden sich fundamental. Und ein Zeuge sagte beispielsweise aus, dass der Hauptangeklagte „immer etwas dazuspinne". Dieser Aussage wurde nicht nachgegangen, der Hauptangeklagte damit nicht konfrontiert und Ullrich Köhlers bloße Behauptungen niemals hinterfragt. Im Gegenteil, sie rechtfertigten die Anklage gegen die beiden anderen Männer.

Ordentliche Gutachten hätten in diesem Punkt Klarheit schaffen können.

Die Verteidigung beantragte für die beiden Mitangeklagten Freispruch.

Nun war der Richter am Zug. Nach Aktenlage schien die Sache klar zu sein. Ende April 1993 sollte das Urteil verkündet werden. Doch die Plädoyers der Verteidigung haben offenbar einen starken Eindruck bei ihm hinterlassen und Zweifel gesät. Denn an diesem Tag fällte der Richter noch kein Urteil. Stattdessen entsprach er dem hartnäckigen Antrag der Verteidigung nach einem zweiten psychiatrischen Gutachten. Einheimische Experten bekamen nach dem Eklat keine zweite Chance in diesem Prozess. Der Auftrag ging nach Tübingen.

Viel Wasser war nun die Pleiße beziehungsweise den Neckar hinabgeflossen, während die drei Angeklagten auf die psychiatrische

Untersuchung und dann auf die Fortführung des Prozesses warteten. In dieser Zeit schmorten sie weiterhin in Untersuchungshaft.
Dann endlich, Mitte November 1993, ging der Prozess am Leipziger Landgericht auf die Zielgerade.
Und zwar mit einem Paukenschlag!
Ullrich Köhler gestand an diesem trüben Herbsttag nun auch vor Gericht, dass er den Mord an dem homosexuellen Roland Schwebe, mit dem er einst liiert gewesen war, ganz allein begangen hatte.
Woher kam der Sinneswandel? Wollte Ullrich Köhler dem neuen Gutachten zuvorkommen, das ihn belasten und die Mitangeklagten entlasten würde? Versuchte er, schnell noch ein paar Pluspunkte für das Urteil zu sammeln?
Die Tat, so Ullrich Köhler weiter, war allerdings nicht geplant. Ja, es stimmte, dass er seinem früheren Lebensgefährten den BMW verkaufen wollte. Doch während der Probefahrt sei etwas schiefgelaufen. Ullrich Köhler saß am Steuer.
„Plötzlich hatte Roland sexuelle Ambitionen", gestand er. Doch er, Ullrich Köhler, wollte sich nicht anbaggern lassen. Da laufe nichts mehr, versuchte er ihm klarzumachen. Doch der andere ließ nicht locker und blieb hartnäckig. Als er dann während der Fahrt auch noch zudringlich wurde, stoppte der Angeklagte das Fahrzeug wutentbrannt auf der B 87 zwischen Quesitz und Lützen und stieg aus.
Irgendwo im Auto habe ein Kabel gelegen, das habe er sich gegriffen.
Die grausige Tat beschrieb er kurz und bündig: „Überfallartig zog ich es über seinen Kopf, zog aus Leibeskräften." Bis er tot war.
„Warum?", wollte der Richter wissen.

„Aus Hass und Ekel!“, gestand Ullrich Köhler. Mit zwei Worten beschrieb er sein Motiv, eine hochgekochte, zerstörerische Emotion, die alle Dämme durchbrochen hatte und der er freien Lauf ließ. Später fuhr er zum Hof seiner Mutter und hat aus der Scheune einen Spaten geholt. Im Wald hob er in der Nacht das tiefe Loch aus. Die Leiche versteckte er derweil im Kofferraum. Im Schutz der Dunkelheit schleifte er den Toten über den Waldboden und versenkte ihn im vorbereiteten Grab. Dann schaufelte er Erde darüber und deckte alles mit Reisig ab.

Ob die Mutter etwas von diesem Besuch mitbekommen und ihren Sohn gefragt hatte, was er nachts und überhaupt mit dem Spaten vorhabe, kam im Prozess nicht zur Sprache. Das spielte eigentlich auch keine Rolle. Aber man konnte wohl davon ausgehen, dass Mutter Ulla Bescheid wusste.

Seine beiden ehemaligen Freunde saßen seit 19 Monaten in Haft. Völlig unschuldig, wie sie immer beteuert haben und wie es jetzt offenbart wurde. Unschuldig im Gefängnis zu sitzen, in einer kleinen, tristen Zelle mit verriegelter Tür und vergittertem Fenster, und man weiß nicht, wann man wieder herauskommt: morgen, in einer Woche oder als Wrack nach fünfzehn Jahren. Voll ohnmächtiger Wut auf diesen miesen Köhler! Ihr Schicksal lag nicht mehr in ihren Händen. Es war abhängig vom Wohlwollen eines Mörders, der nichts mehr zu verlieren hatte, und vor allem davon, dass Gutachter gewissenhaft arbeiteten.

„Ich wollte mich an ihnen rächen. Jetzt haben sie genug gebüßt“, entschied Ullrich Köhler an diesem Tag, als wäre er ein Gott und damit Herr über Leben und Tod, Freiheit und Gefangenschaft.

Seine beiden Freunde brachte er aus einem ganz bestimmten Grund ins Spiel. Ihn schreckte kein Gedanke mehr, als mutterseelenallein als Mörder dazustehen. Dieser Horror aus Schuld,

Einsamkeit und Abgeschiedenheit war für ihn unerträglich. Er wollte sich „nicht allein verantworten", wie er sagte. Indem er seine Tat auf mehrere Schultern verteilte, gelang es ihm eine Zeit lang, seine Tat vor anderen kleinzureden. Leugnen war ja nicht mehr möglich. Ein Mord - drei Täter. Mit dieser Formel hätte er leben können. Ein Leben in Freiheit kam für ihn sowieso nicht mehr in Betracht. Indem er seine beiden Freunde mit hineingezogen und sie an den Rand seines Abgrunds gezerrt hatte, war er besser damit klargekommen.

Doch letztlich musste er für alles geradestehen, und zwar ganz allein. Nicht nur für den Mord an Roland Schwebe, sondern auch für die Falschaussage, mit der er Bernd Wiese und Richard Lauschke für 19 Monate unschuldig hinter Gitter gebracht hatte. Unterstützt von seiner Mutter Ulla.

Für die beiden Männer öffneten sich nach einer grauenhaften, ungewissen Zeit die schweren, quietschenden Gefängnistore und sie waren wieder frei, während Köhler eine lebenslange Haft erwartete. Ob seine Mutter Ulla angeklagt wurde, ist nicht bekannt.

QUELLEN

Leipziger Volkszeitung, verschiedene Jahrgänge

Stadtarchiv Leipzig

Gerd Müller „Hier Kripo Leipzig“, 2011

Neues Deutschland, Online-Archiv

Neue Justiz

FOCUS Online

Der Spiegel, Online-Nachrichten

Neue Zürcher Zeitung, Online-Ausgabe

Die Welt, Online-Ausgabe

Wikipedia

BIOGRAFIEN

Frank Kreisler, 1962 in Rostock geboren, absolvierte das Literaturinstitut in Leipzig und arbeitet heute als freiberuflicher Schriftsteller. Er war nominiert für den Leipziger Krimipreis. Mit seinen Kurzkrimis beteiligte er sich an zahlreichen Anthologien. Sein erster eigener Band mit Kriminal- und anderen Storys „Die schwarzen Schmetterlinge und 11 weitere finstere Storys" erschien 2021 im Mitteldeutschen Verlag: Er lebt seit 1985 in Leipzig und war fasziniert vom maroden Charme der Stadt.

Christiane Eisler, 1958 in Berlin geboren, 1978–1985 Studium und anschließendes Zusatzstudium bei Harald Kirschner und Evelyn Richter an der HGB in Leipzig, ist seit 1983 freischaffend als Fotografin in Leipzig tätig. Sie ist Mitbegründerin (1990) und Gesellschafterin der Fotoagentur „transit". Aktueller Schwerpunkt ist die Anfertigung von Fotografien über Stadtlandschaften und die Veränderungen Leipziger Stadtteile im Prozess der Sanierung und Gentrifizierung.

Frank Kreisler

Die schwarzen Schmetterlinge

und 11 weitere finstere Storys

Auf einer kleinen Insel ist eine Leiche vergraben. Genau dort soll eine Gaststätte entstehen. Nicht im Drehbuch stand, dass ein echter Bär Rosenrot beim Filmdreh attackiert. Eine Witwe feiert Weihnachten und ihr toter Mann schmückt den Baum. Ein Leser verheddert sich in einer Mordgeschichte und merkt: Lesen kann gefährlich sein.
Finster und trotzdem amüsant geht es zu in den 12 Kriminalgeschichten und SciFi-Horrortrips. Selbst der geschickteste Täter entgeht seiner Strafe nicht? – Na ja, einer kann immer wieder entkommen! Ein kurzweiliges Lesevergnügen!

„Eine bildgewaltige Sprache, die eben die Geisterstunde trefflich zu illustrieren versteht."

Jens Wagner, SachsenSonntag

True Crime von Bernd Kaufholz

Ein Muss für Freunde wahrer Kriminalfälle!

Der Hammermord am Hansering

Bernd Kaufholz schildert in seinem aktuellsten Band gewohnt realistisch und detailliert zehn DDR-Verbrechen aus dem ehemaligen Bezirk Halle.

„Ein beklemmendes Bild der dunklen Seite der DDR."

Stern Crime

Spektakuläre Kriminalfälle Best-Of

Neun Bücher über authentische Kriminalfälle hat der »Oberkommissar ehrenhalber« seit 1999 verfasst. Die 60 spektakulärsten davon präsentiert er in dieser Best-Of-Ausgabe.

„Die meisten von Kaufholz komprimiert beschriebenen Fälle werden dem spektakulären Superlativ gerecht."

Kai Agthe, Mitteldeutsche Zeitung

Das Leichenpuzzle von Anhalt

Auf die Spuren der Kriminalpolizei des Bezirkes Halle begibt sich Kaufholz auch in diesem Band aus neun Kapitalverbrechen in der DDR.

„Der Autor schildert die Kriminalfälle sehr realistisch, wobei er nicht nur auf die Motive der Täter eingeht, sondern auch Zeugen und Opfer charakterisiert."

Manfred Orlick, hallespektrum.de

Alle Namen der Personen in den Kriminalfällen wurden vom Autor geändert.

2. Auflage 2026

www.mitteldeutscherverlag.de

Gesamtherstellung: Mitteldeutscher Verlag
Umschlagabbildung: Nordfriedhof Leipzig, © Christiane Eisler
Fotografien: © Christiane Eisler

ISBN 978-3-96311-571-4

Printed in the EU